100万円が1年で貯まるお片付け

きさいち登志子 著
荻原博子 監修

PHP

はじめに

キッチン掃除には、台所用洗剤1本でOK！

片付けや掃除の本を数多く書いてきたなかで、この洗剤は必ずといっていいほど拙著に出てきます。油汚れはもちろん、ぬめりやガラスの曇《くも》りも解消してくれます。いろいろ試していると、40年も50年も前に発売された商品も今でも売られていることに気づきました。従来品の半額から三分の一の価格のうえ、手にもやさしいし、衣服に付いた油汚れにも使えます。そんなわけで、これを愛用しています。

「安い」からではなく、こちらのほうがいい！　と思えるものがあります。一方「安い」からと買っても、効力を発揮しないものもあります。

『100万円が1年で貯まるお片付け』は、ケチケチ生活のすすめでもなければ、つらい片付けのやり方でもありません。

○自分が長続きして使えるものとの暮らし
○スムーズにモノが出し入れできる暮らし
○たまのプチ贅沢を喜べる暮らし
○ゆったりお風呂に入り、ぐっすり快眠できる暮らし
○部屋も棚も冷蔵庫の中も見渡せる空間がある暮らし

そんな身の丈《たけ》にあった暮らしのなかに幸せ感があって、家族とお金の話もちゃんと話せる時間があって、心地よい家がある。そうすることで、お金が貯まる！という本です。

決してムリをしてはいけません。不要なものと気持ちよく離れることで、何がいちばん快適であるかがわかるでしょう。「面倒」「忙しい」という思いを、「片付ければお金が貯まる」という言葉に変えてみませんか。

きさいち登志子

監修の言葉

長年続くデフレにより、収入は増えるどころか減る一方。にもかかわらず、物価は上がり続け、税金や社会保険料の負担は重くなるばかりです。それに輪をかけて、消費税が10％に増税しました。そのため、今では日本人の約3割が貯蓄することがむずかしい状況におかれています。

しかし、収入が少なくても、物価が上がっても、なぜかちゃんとお金が貯まる人々が存在します。それが、この本できさいいち登志子さんが紹介する「貯め上手さん」なのです。彼らは決してケチケチしているわけでも、窮屈《きゅうくつ》な暮らしをしているわけでもありません。自分に与えられた空間や時間や予算を把握し、限られた資源を有効に使うことのできる達人とも言えます。

ここに紹介されている知恵をマスターすれば、「月々5万円」×12カ月＋夏冬合計40万円を生み出し、年間100万円を貯めることも、夢ではありません。

本書では、その「貯め上手さん」たちに共通する片付けの法則を、きさいいちさん独自の視点で、より具体的、実用的に紹介しています。私が普段から心がけている習慣と重なる部分が多く、経済ジャーナリストとして見てきた、多くの生活防衛の達人たちもまた、この本で紹介する方法を取っていました。

これからの日本はますます超高齢社会となり、受け取れる年金額も期待できなくなるかもしれません。将来が不安でお金を使うことが怖くなってしまうかもしれません。

しかし、今後世の中がどのように変わろうとも、うろたえることなく、むしろ楽しみながら生活を守る力を身に付けようではありませんか。そのためのメッセージをこの本から受け取っていただければ幸いです。

経済ジャーナリスト　荻原博子

『100万円が1年で貯まるお片付け』もくじ

プロローグ

PART 1

月々5万円貯まる！貯め上手さんの空間・時間・お金の法則

空間

PART 2 夏と冬で40万円得する！ 貯め上手さんの賢い片付けの法則

装幀　小口翔平＋山之口正和（ｔｏｂｕｆｕｎｅ）
イラスト　かたおか朋子
編集協力　八木沢由香
組版　朝日メディアインターナショナル株式会社

プロローグ

家計簿や節約が苦手でも大丈夫！ 貯め上手さんの「ある方法」で100万円が貯まる！

お金を貯めようとがんばって節約しているのに貯まらない、家計簿をつけ始めてみたけれど長続きしない——。そんな声をたくさん聞きます。なかなか貯金できないのは、もしかしたら節約の仕方が間違っているのかもしれませんね。たとえば、あらゆるものをケチケチする、ほしいものもひたすら我慢……、こんな節約になっていませんか？

これまで、たくさんの貯め上手さんたちのご家庭を取材してきたなかで気がついたのは、みんな我慢をしていないということです。家計簿をちゃんとつけている人もいません。快適に、スムーズに、楽しそうにお金を貯めているのです。でも、どうしてそれでお金が貯まるのでしょうか？

そこには共通のポイントがありました。どの貯め上手さんも、理想の暮らし方（ゴール）を描《えが》いていて、それを実現するために計画を立て、ムダになるものは

年間100万円を目標に貯めよう

内訳

月々5万円ずつ貯まる片付け×12ヵ月＝60万円

→ PART1で紹介！

夏にありがちな大きな出費から　20万円

冬にありがちな大きな出費から　20万円

→ PART2で紹介！

快適に、スムーズに、楽しく。
だから実現できるんです！

置かない、受け取らない、買わないを実践しています。今家にあるものの在庫も把握していて、好きなものや愛着のあるものを大事に使っていました。

「**①空間・時間・お金を快適に仕分け、②それぞれの理想にスムーズに向かえるよう、③具体的に計画的に実行する**」。これを実践することでムダがなくなり、お金につながっていくサイクルができていたのです。

　空間・時間・お金を快適に片付けているからこそ、貯め上手さんになることができます。そこでまずは①②③の方法で、少しずつ、家の中を変えていきましょう。

自分の価値観が
貯め上手さんになる道
スタートとゴールは誰も一緒
「さぁスタート！」
あなたはランナーです。
沿道には応援が！
お金持ちポイントを獲得したAさんゴールを目指します。
貧乏ポイントを増やしているBさん応援してくれる人の顔やものが気になります。
のども渇いたし……。
途中で手に入れたものは
Aさんは
のどをうるおす水
スポーツサングラス
足にフィットしたシューズ
を選びました。
Bさんは
みんながくれた飲み物
をもらいました。
時計もタオルももしかしたら役に立つかも？

Aさんは水分補給も適量 前方をクリアな視界でとらえ、足元も軽やかで ゴールは目前。
FINI SH
Bさんはしがらみが多くて水分補給も大量、もらいものをゲットして、荷物もいっぱい。さらに足元も重くなりました。
片付けも、同じこと。
これが好き
ぴったり
ラクチン
今の私
お父さん
お義母さま
親友
年代物
息子
懐かしい
高価
元カレ
あれもほしい これもほしい
どこ行ったっけ? 何買ったっけ?
苦しい〜 つらい〜
ゴールは、100万円貯められる自分になること。あなたもBさんのような考え方を手ばなし、Aさんのようにゴールに向かって快適に楽しみながら進んでいきましょう。
100万円
GOAL

貯め上手さんの空間・時間・お金の共通点は「さ」「し」「す」「せ」「そ」

家の中にあふれんばかりのモノがあり、手ばなせないでいると、モノの把握ができなくなります。そうすると、ムダな買い物が増えたり、食品ロスが増えたり、掃除や片付けに時間やお金がかかったり、ムダや浪費のオンパレードになりがちです。それも、セールや割引きでストックしたものに囲まれる、つくりおきや冷凍保存がたまった結果。努力が身に付かないことも多いのでは？

モノをため込んだ家の中は気持ちも満たされず、幸せ感も減っていきますね。気持ちが落ち込むのも、じつはお金を貯められない隠れ要因です。

貯め上手さんの家は、とにかくどこも片付いていて清潔。そうすると快適で心が満たされます。今の生活に必要なものと必要のないものの一線が明らかにできて、自分のものを大切にいたわりながら使い続ける暮らしができています。

節約といっても、我慢しない楽しい節約です。使うべきところにはお金を使って、必要ないと判断したものには使わない。そんなメリハリのついた計画的な節

貯め上手さんの「さ」「し」「す」「せ」「そ」

「**さ**」…「サッと出し入れができる」

「**し**」…「幸せ感がある」

「**す**」…「捨て上手」

「**せ**」…「清潔」

「**そ**」…「備えがある」

ぜひ頭に入れておいてくださいね。

約です。ちょっとした楽しみも取り入れながら、ムダをつくらないプロセスを楽しんでいた結果、お金が貯まっていたということが多いのです。

そうした貯め上手さんたちの共通法則が、**「サッと出し入れができる」「幸せ感がある」「捨て上手」「清潔」「備えがある」の「さ・し・す・せ・そ」**。

モノをいたわり（長持ちさせる）、自分をいたわる（充実感がある）人のもとにお金の神様はやってきます。「さ・し・す・せ・そ」の法則で生活を見直していくと、いつの間にかお金が貯まっていくようになるのです。19ページからは、その具体的な方法を紹介します。

『片付ける＝物事にきまりをつける。片をつける。散らかっている物を始末して、整頓する。解決すべき物事に結末をつける。』（岩波国語辞典第七版新版）より

PART 1

月々5万円貯まる！
貯め上手さんの
空間・時間・お金の法則

日々の悪習慣を見直し、部屋を快適にすることで食費や日用品費、光熱費などが節約できて月5万円を貯めることも可能になります。このPART1では、貯め上手さんたちが実践している空間・時間・お金の習慣を紹介します。

お金持ちPOINT

貯め上手さんの玄関の法則

平面にモノが出ていない

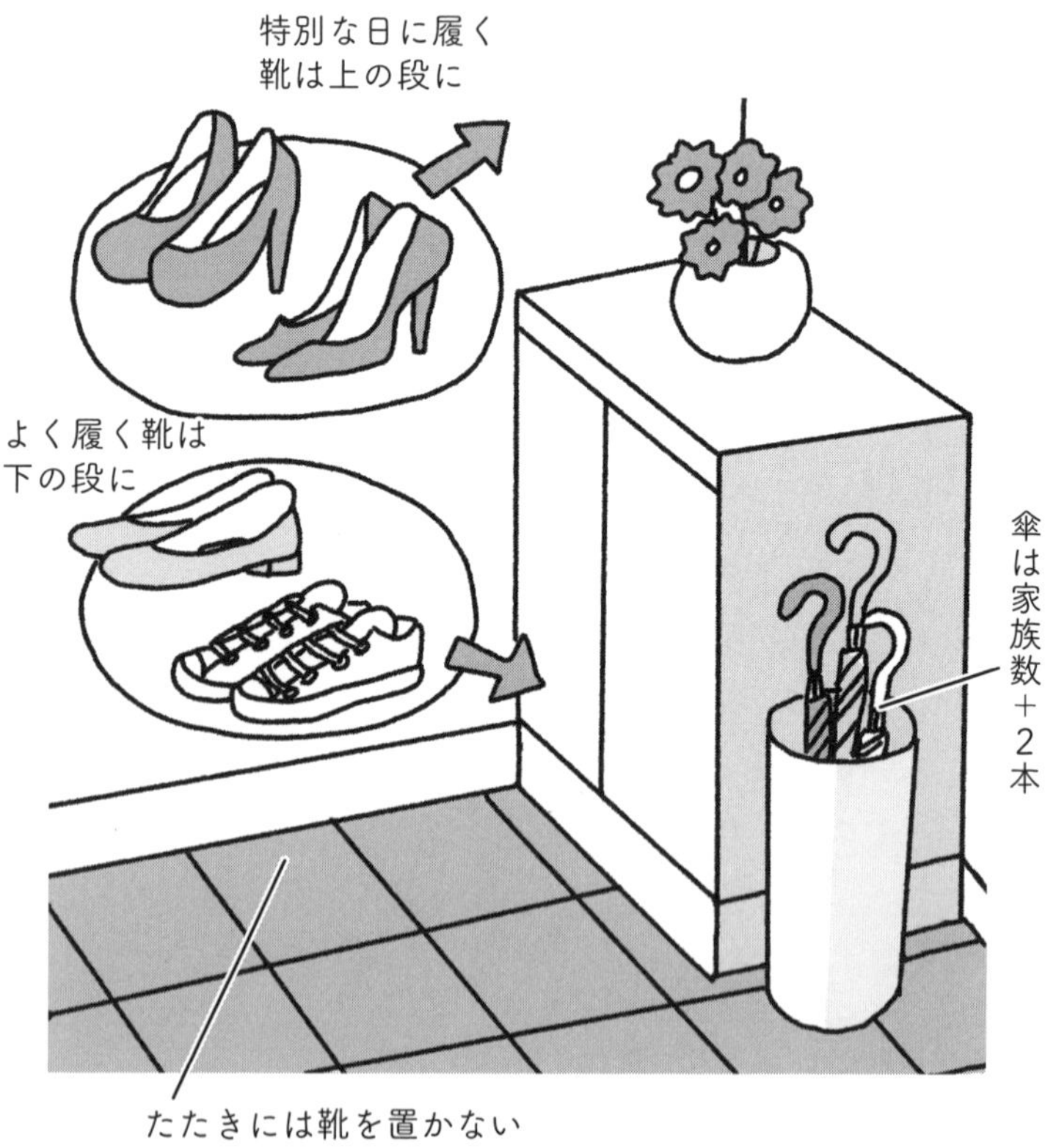
特別な日に履く
靴は上の段に
よく履く靴は
下の段に
傘は家族数＋2本
たたきには靴を置かない

玄関の理想は平面に何もない「ゼロ」の状態です。

ドアを開けた瞬間、たたきに靴がズラリ、乱雑にたたまれた傘であふれんばかりの傘立て、ホコリをかぶっている飾り物、靴箱の上に無造作に置かれた靴の空き箱などが目に入ったら、それだけで気持ちもドンヨリしてきますよね。

生活していると、家の中からの目線でしか玄関を見ません。でも一度「お客様目線」で玄関ドアを開けて見てみましょう。幸せ感が逃げていく玄関になっていませんか？

壊れたもの、すぐに履かないもの、古いものは置かない

玄関の片付けのファーストステップは、置くものの仕分けです。

たとえば傘。長らく使っていなくてサビが出ていたり、骨が曲がって形が変形していたりする傘はないでしょうか。そうした使えないものを選別してお役御免にしていきましょう。

「傘立てに入れる本数は家族数＋２本まで」のように決めて、残すものとサヨナ

ラするものを選《よ》り分け、残すと決めた傘は売り物のようにしっかり巻いて傘立てに揃えていきます。その上で玄関口から目につかない場所に傘立てを移動させます。

お客様用スリッパも、たまにしか来ないお客様のために何足も揃えておく必要はありません。くたびれが出てきているスリッパは手ばなしましょう。

何年も出しっぱなしになっている古い飾り物があれば、それも整理を。出していいのは3つまでと決めます。

たたきに出ている靴は、いったん靴箱に全部しまいます。しまいきれない靴が出てきたら、何カ月も履いていない靴を外に出して、それと交換しながらしまっていきます。外に出した靴は手ばなす対象です。

使わないものは高い場所、よく使うものは低い場所へ

傘を除いて、玄関のものはすべて靴箱に収納することがスッキリ玄関のポイントです。しまい方は「**たまに使うものは高い場所、よく使うものは低い場所**」が

まとめ

福の神は玄関からやってくる！

玄関が片付いているとお金が貯まる理由

買い物をしている人や商品に集まる人だかりが刺激となり、余計な買い物が増えてしまうことを「バンドワゴン効果」と言い、1回の外出で、数千円から1万円の出費につながるおそれも。玄関が片付いていると、家にいるのが好きになります。週に1回、月に4回のムダな外出を減らせば、1万2,000円から4万円近くのムダな外出や余計な買い物を減らせるかもしれません。

基本。よく履く靴は、サッと出せてサッとしまえる低い場所に収納し、それ以外は高い場所に。靴磨きセットはカゴや箱にまとめて靴箱の低い場所、印鑑や鍵なども蓋《ふた》付きの小物入れを使ってひとまとめにして使いやすい場所に置きます。

置いてある靴やものが少なくなると掃除もしやすくなり、清潔な玄関がキープできます。空いたスペースに生花を飾れば玄関が見違えるように生まれ変わります。ここがスッキリしていると、「他のところもきれいにしよう！」というモチベーションにもつながります。

お金持ちPOINT

貯め上手さんの玄関の法則

必要でない靴を思い切って捨てている

今持っている服と
合わせてみる

修理にお金を
出しても履きたい？

コンビニまで
行ってみる

玄関の片付けでいちばん頭を悩ませるのが靴。高かった、まだ履けるかもしれない、という思いから、なかなか捨てるふんぎりがつけられない方も多いのでは？　けれども履かない靴を取っておいても吹きだまりの場所になるだけです。「いつか履くかもしれないから、とりあえず置いておこう」と考えると永遠にそれが続きます。靴に限らず、モノの整理において「いつか」と「とりあえず」は最大の敵。いらないもの、履かないもの、使わないもの、似合わないものを手ばなすことで気持ちも軽くなります。

モノには「今必要なもの」と「もう必要ではないもの」があります。この観点から手持ちのモノを再チェックすれば捨て上手さんになれます。

手持ちの服に合わない、履いて痛い靴を見極める

靴の場合「今必要なもの」は今履けるもの。たとえば、いつか修理に出そうと思って取ってある靴なら、今直して履くか履かないかを考えましょう。**修理に1500〜2000円出しても履きたいと思ったらすぐ修理へ。**そこまでお金をか

けなくてもいいかな、と思ったら手ばなす決断をします。

履かないまま眠らせてしまっていた靴は、今の自分に合うか、履いて確認を。今持っている洋服と合わせてみる、実際に履いて近所のコンビニまで行ってみるという方法で確かめて、「今持っている服には合わない」「痛くて長い時間履いていられない」なら、思い切って手ばなしましょう。たとえ近所でも、履いて楽しい散歩ができる靴を残したいですね。

子どもの靴も、履かせて「痛い」と言われたら、その靴の役目は終わりです。

捨てるのではなく「合わないものをはじく」と考える

履いて痛い靴は、「デザインがいい」「まだ新しい」「値段が高かった」など捨てられない理由があったとしても、快適でなければ再び履くことはありません。

それに足は美と健康のもと。合わない靴を履いていると足の変形を招き、ひざや股関節、腰に負担をかけて治療費や医療費といった出費を増やすことにもつながります。「もったいない」という思いが頭をもたげてきたら、「痛くて履かない

まとめ

履いていない靴は、もう一度履いて再確認

¥ 痛い靴で出歩くと出費がかさむ

痛い靴で外に出かけると、

- **ひと休みする喫茶店代**（約500円）
- **履きやすい靴を外出先で間に合わせで購入する**（約5,000円）
- **ひざなどの医療費**（約3,000円）

等の出費につながります。

靴は不健康のもと、この先も出番なし」と考えを切り替えましょう。

〝捨てる〟ことに抵抗があるなら、今の自分に合わないもの、健康に悪影響がありそうなものを〝はじいていく〟と視点を変えれば手ばなしやすくなります。新品同様の靴なら、ネットフリマに出して売ってお金に換えるのも方法ですね。

履く靴として残したもののうち、パーティ用の靴、ブーツやサンダルといったシーズンで履く靴などは、出番のない間は箱にしまって玄関の高い場所、もしくは別の場所にしまいます。

お金持ちPOINT

貯め上手さんのキッチンの法則

キッチンにあるものを よく把握している

よく使う鍋は
磨いておく

引き出しは
仕切るとよい

いろいろな調理器具や保存容器、食器、鍋、ストック品、食材・調味料、普段使いしていない調理器具などなど、多種類のものが置かれているのがキッチンです。気がつけばため込んだものであふれ返っていて、「どこから整理していけばいいのかわからない」という方もいることでしょう。キッチンの場合、重要なのは使い勝手がいいこと。その意味では、すべて見えないようにしまい込んでしまうより、**出すものは出して、しまうものはしまう**、と実用を優先してもよいでしょう。

よく使う調理器具は磨いたうえで、効率よく使える場所に見栄えよく置く、鍋やフライパンなどは、コンロ近くの見えない場所にしまい出しっぱなしにしないなど、手際よく調理できることを基本に片付けを考えていきましょう。

いらないもの、ムダなものをキッチンから取り除く

貯め上手さんたちはみんな家の中のものを把握しています。キッチンも然《しか》り。何がどこに、どのくらいあるのかを把握することがムダをなくす近道です。引き

出しの中、ストック品、乾物などの長期保存できる食材、食器棚や冷蔵庫の中などをまずは一度チェックしてみましょう。

形のゆがんだ密閉容器、使い古したスポンジ、賞味期限切れのもの、壊れたり欠けたりしているものなどは「使えないもの」。老朽化したものはキッチンからはじきます。鍋も見直しを。出番のない鍋、取っ手がゆるんでいたり壊れかけたりしている鍋は置いておいてもこの先使いません。

「便利そう」と思って買ったグッズも、すでに使っていないなら思い切って手ばなしましょう。同じ種類のものがいくつもあるなら、いちばん使い勝手のいいものだけ残して他は手ばなします。

置き場所は細かく分けず、グループで決める

置き場所の整理のコツは、グループ分け。ゴミ袋やキッチンペーパーなどの備品はここ、食材のストックはここ、乾物類はここ、粉物はここ、液体調味料はここ、調理用小物はここなど、**大まかに場所を決めてグループに分けて置きます。**

置き場所が定まれば使ったあとに戻すのもラク。「カレー粉はここ、中濃ソースはここ」のように細かく分けてしまうと、「あれ？ これはどこだっけ？」となり、「じゃあ、とりあえずここに置こう」となってしまいます。グループ分けなら、どこに何が、どのくらいあるのかが把握しやすく、なおかつサッと出してサッと戻すこともできます。グループ分けしてあげれば、キッチンを普段あまり使うことがない夫や子どもにもわかりやすいので、出したら戻す、を守ってもらいやすくなります。

まとめ

どこに何があるかをすぐ思い出せるキッチンに

家計の食品ロスを防ごう

家庭の食品ロスは年間291万トン（農林水産省及び環境省「平成28年度推計」より）。

「まだ食べられるのに捨てた理由」として、

1位 食べ残し 57％
2位 傷んでいた 23％
3位 期限切れ 11％

【賞味期限切れ6％、消費期限切れ5％】

（消費者庁が平成29年に徳島県で実施した食品ロス削減に関する実証事業の結果より）

ストックのしすぎで賞味期限が切れたり、使わず朽《く》ちてしまった調理器具はムダになり、その分それを購入した金額を損してしまったことになります。

お金持ちPOINT

貯め上手さんのキッチンの法則

いつ見ても使いやすい清潔なキッチンにしている

食器棚

よく使う器は手の届きやすいところに
お茶のセットはまとめる
たまに使うもの

鍋のしまい方

鍋の蓋は逆さに

フライパンのしまい方

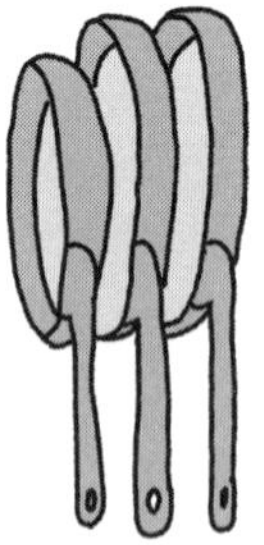
複数あるときはたて置きに

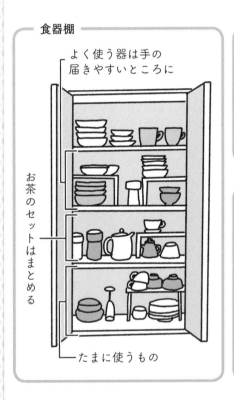

貯め上手さんのキッチンは、どこもスッキリとしていて、清潔感があります。スッキリとは、ムダなものが出ていない、空間に余裕があるということ。清潔感は文字通り、汚れやホコリのないキッチンであること。

清潔なキッチンにするには、掃除がしやすい状態になっていることが欠かせません。つまりムダなものが置かれていない、置いてあるものが整理されていることは清潔なキッチンの必須条件になるのです。

食器棚はグループ分けで「美しく見せる」

手始めは大物の片付けから。半年以上使わない季節もの、正月用品などはホコリが付かないように箱に入れ、ラベリングをして中身がわかるようにして、しまいます。鍋も整理したうえで、シンク下などに重ね置きして収納を。

食器棚もチェック。使っていない器、欠けたり壊れたりしている器は処分して、棚ごとにグループ分けしてしまい直します。よく使う器は手の届きやすい位置に形や大きさを揃えて収納する。たまに使う食器や重い食器は下段の取り出しにくい場所に置く。ガラスのコップは同じ場所にまとめる。お茶やコーヒー、紅茶などは器やポットと一緒に置いておく。このように数を減らしグループ分けすれば、見た目スッキリ、なおかつ掃除もしやすい状態がつくれます。

盲点は床と壁。こまめな掃除できれいなキッチンに

清潔なキッチンの3カ条は「曇っていない」「ぬめりがない」「くすんでいないこと。お掃除引き出しをつくって、ホコリ取りグッズ、拭き掃除グッズなどをひとまとめにしておくのもおすすめです。古くなったタオル、新聞紙、アルコールタイプのウェットティッシュなどを入れておいて、食器棚のホコリや扉の曇り、手垢《あか》に気づいたらサッとひと拭き、コンロの吹きこぼれや油はねもサッとひと拭きしてゴミ箱にポイすれば清潔感が損《そこ》なわれません。

　キッチンをきれいに見せるポイントは、面積が広い床と壁です。料理をすると床にいろいろ落としたりこぼしたり、壁に油が付いたりします。調理のあとや片付けものをしているときに、床と壁もチェックしておきましょう。床はウェット

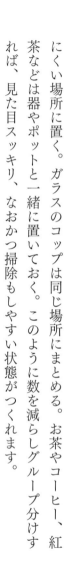

まとめ

くすみのない清潔感のあるキッチンにしよう

¥ 食費を減らすにはキッチンの片付けから

ゴチャゴチャしていると、家で料理をしようという気がなくなり、外食費がかさみがちに。キッチンの片付けをしただけで、ひと月の食費が7万円から4万円に激減したという人も。

年収別　食費の平均①

年間収入	～238万円	238万～354万円
食費	37,069円	52,647円
エンゲル係数	27.3％	27.8％

（総務省統計局　家計調査報告［家計収支編］平成29年［2017年］平均結果の概要）より作成

ティッシュや水で濡らしたキッチンペーパーで汚れを拭き取り、壁の油汚れも固まらないうちに拭き取っておきます。面積が広い床と壁をピンポイントで掃除しておくだけで、清潔感のあるきれいなキッチンに見えます。補修費を考えれば、ラクな作業です。

換気扇については、一度思い切ってプロの手に掃除を委《ゆだ》ねてしまうのもあり。素人《しろうと》の手に負えないところをきれいにしてもらえばキープ掃除がラクになります。

お金持ちPOINT

貯め上手さんのキッチンの法則

調味料にこだわり、食材は使い切っている

こだわりの
よい調味料と
あるもので代用

マーボー豆腐は
高野豆腐でもできる

貯め上手さんたちは自炊派が圧倒的多数です。しかも、調味料などの種類も少なめ。あるもので〝おいしく楽しくつくる〟を実践しています。

冷蔵庫の中や買い置きしてある調味料を一度見直してみましょう。数回使ったきりのドレッシング、お土産にもらったけれど使っていないご当地調味料、安かったからとまとめ買いして日が経ってしまった調味料などはありませんか？

そうしたものを発見したら賞味期限をチェックして、期限を過ぎているものは手ばなし、もう少しで期限がくるものは「つくりおき料理」を考えたり、保存食づくりで大量に使うなどして数を減らしましょう。

人気のホットプレート料理なら、在庫一掃メニューで楽しい家族の団らんにもなるでしょう。

多種類の調味料はいらない

余計な調味料を増やさないためには「よくつくる料理傾向」を中心に、ひんぱんに使わないものは買わないことが基本です。

めんつゆが1本あれば、そうめんつゆやそばつゆは買う必要がありませんし、ドレッシングが多種類あっても使うものは限られてきますから、好きな種類が1～2本あれば十分。必要になったら手づくりドレッシングを楽しんでもいいですし、よい塩とオリーブオイルがあれば、小皿に入れて出すだけでイタリアンレストランでの食事のようにおいしく野菜が食べられて幸せ感も高まります。

あるものを使う、代用することをまず考える

食材の購入では、1週間のメニューを大体決めておいて買い物をするのが貯め上手さんのコツです。買い足しも、1週間で使い切ることを前提に少なめに買うこと、**安いからといって買いだめしない**ことがムダを出さないポイントです。

買い方もひと工夫。肉なら、こま切れ肉、切り落とし、バラ肉、鶏ムネ肉といった安くて使い勝手のよい肉の定番を上手に日常使いしつつ、たまにはブロック肉を奮発して幸せ感を味わいましょう。

また「マーボー豆腐は豆腐がなければダメ」、「カレーには煮込み用のお肉が必

まとめ

「使い切って空（から）にする美学」がムダをなくす

いい調味料で贅沢に食費削減

ムダな調味料を買わず、厳選してその分いいものを使えばおいしさアップ。外食より家で自炊がもっと楽しみになります。

年収別　食費の平均②

年間収入	354万～496万円	496万～727万円
食費	62,614円	70,631円
エンゲル係数	27.4％	25.6％

（総務省統計局　家計調査報告［家計収支編］平成29年［2017年］平均結果の概要）より作成

要」などの、固定観念をもたないことも大切です。マーボー豆腐は高野豆腐でもつくれます。カレーも薄切り肉を使えば、煮込む必要がなくなり光熱費も減らせます。固定観念を外すと、台所に今ある食材を乾物まで含めて利用することができます。

あるもので何がつくれるか、どれで代用できるかを常に考えて、ムダにする食材を減らしてみてください。ネットで検索すれば、節約料理、使い切り料理のアイデアもすぐに入手できます。

貯め上手さんのキッチンの法則

冷蔵庫の食材を長持ちさせる片付け方を知っている

これらは
冷蔵庫から出す

大まかに
グループ分けして
入れる

使いかけの野菜はまとめて野菜室へ
キッチンペーパーを敷いた
密閉容器で長持ちする

冷蔵庫内の棚が一段空いているのは、貯め上手さん。庫内はゴチャゴチャ置きがなく、古いものがほとんど見当たらず、ドアを開けると奥まで見渡せるというのが貯め上手さんたちの冷蔵庫使いの共通項です。

冷蔵庫をどう使うかは、食費にも大きく影響してきます。いろいろな食材のストック庫代わりにしていると、結局食べ切れずに捨てることになる食材が出てきます。捨てる食材が出てくるということは、実際に使う量以上に買っている証拠です。ムダ買いを防ぐスッキリした冷蔵庫内にしておくことが大切なのです。

食材は最後まで使い切ることを大切に

庫内整理の手始めとして、まずは賞味期限がとっくの昔に過ぎているもの、品質が落ちているものを追い出しましょう。常温で保存できる根菜類、レトルトやお酢なども冷蔵庫から出して別の場所で保管を。

次に、食材はバラバラに入れず、バターやジャム、調味料、大豆製品、残りもののおかずなど、大まかにグループ分けをして見やすくしてしまい直します。トレーにまとめたり、密閉容器に移して重ね置きするなどすれば、出し入れも簡単になり、庫内掃除もしやすくなります。

しなびてきた野菜は冷たい水に入れてしばらく放置すると、元気を取り戻します。**捨てる前にこの再生ワザで蘇《よみがえ》らせて、シャキッとなったところで使い切りを。**大根や人参はゆでておくと生で保存するよりも長持ちします。

また使いかけの野菜は、保存がきくように、キッチンペーパーを密閉容器に敷き、ひとまとめにします。こうすることで「これもついでに使っちゃおう」と思えるようになったり、在庫一掃メニューで汁物や炒め物にして使い切ったりと、余らせてムダにすることも減っていきます。

冷凍庫を整理して上手に活用すると買い物回数が減らせる！

食材の保存では冷凍も上手に活用しましょう。ため込んだ保冷剤などがあれば、2～3個だけ残してあとは捨て、冷凍食材のためのスペースを確保します。

小松菜、大根、きのこ、人参、ねぎ、生姜などは水分をきっちりとれば生のま

まとめ

ワザと工夫で食材の天寿をまっとうさせてあげよう

冷凍保存で節約

野菜は、冷凍することで水分が抜けるので、調理する際に火の通りが速くなります。なかなか火が通らない大根や人参は、味のしみこみが速くなり、光熱費の節約にもつながります。また、蓋や落とし蓋を利用すると、年間で約3,434円の節約になります。

■都市ガスのガス料金の平均
（東京地区でガス使用量が30㎥ /月の場合）
4,808円/月

■プロパンガスのガス料金の平均
（東京都でガス使用量が15㎥ /月の場合）
9,626～9,554円/月

ま冷凍保存が可能です。1カ月ぐらいはおいしく食べられるので、ザク切りや薄切りにしてストックしておくのも方法です。

発酵が進みやすい味噌も冷凍保存できます。味噌は凍らないので、冷凍庫に入れておくと封を開けたときの香りのまま使うことができます。パンも冷凍することで風味を保ったまま保存できます。高級食パンを買って冷凍しておいたり、お楽しみデザートとしてアイスクリームも常備しておけば、外食しなくても幸せな気分で食事が楽しめます。

貯め上手さんのキッチンの法則

調理器具は少なく いいものを使っている

これだけあればOK！

包丁2本
キッチンばさみ
まな板
ピーラー
おろし金
お玉
菜箸
穴のあいたフライ返し
大小フライパン
オープナー
鍋・小鍋
キッチンペーパー

「便利そうだから」「あると料理が楽しくなりそう」、こんな理由でたくさん買ってしまうのがキッチンツールや調理器具ですが、使わないとムダな場所を取ってしまいます。眠っているものがあったら、使いこなすことを考えましょう。

もう一度使ってみて「いる」「いらない」を判断

ブレンダー、フードプロセッサー、ミキサー、フードカッターなど用途がほとんど同じもの、通販で買ったままのスライサーセット、タコ焼き器やかき氷機などは、使われずに眠っている確率が高いものです。

そのまま捨てるとなると「せっかくあるのにもったいない」という気持ちが生まれやすいので、**たとえばかき氷機でクラッシュアイスをつくって刺身を盛り付けるなど、普段のレパートリーのなかでもう一度出番をつくってあげます。**使ってみたうえで「やっぱりいらない」と思えたら手ばなしやすくなります。

明らかに不要なのはオイルポット。油はホコリをためやすく酸化も速いので、使用済みのストックしておいた油は、おいしくつくれないことに加えて健康にもよくありません。長い目で見たら医療費にも影響してきます。マイナスポイントの多い「もったいない」は、逆に貯め上手さんへの道を遠のかせてしまいます。

種類は少なくても調理には困らない！

基本的に、貯め上手さんの調理器具は少数精鋭です。その代わり、いい道具を使ってそれを長持ちさせています。安い道具は使い勝手が悪いだけでなく、「安いものだから」と扱いもぞんざいになりがち。包丁やピーラーなども、少し奮発していいものを手に入れて大事に使うほうが、安物を次々と買い替えるよりトータルコストは安くなります。

切るための道具としては、よく切れる包丁2本、キッチンばさみ、まな板1枚が目安。牛乳パックをまな板代わりに使うなら、必ず木のまな板の上で使いましょう。下が硬いと包丁を傷めることにつながります。

その他のツールは**「下ごしらえ：ピーラー、おろし金」「調理：お玉、菜箸、小穴のあいたフライ返し」「その他：オープナー、蓋付きの深めのフライパン、小**

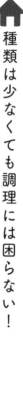

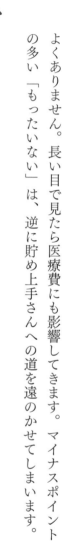

まとめ

道具をため込んでしまうクセを直して使い回し上手に変わろう

調理器具はいいものを厳選して

お勧めは、1万円ほどの三徳包丁。野菜を切る菜切《なつきり》と、肉を切る牛刀の利点を備えています。さまざまな調理器具をあれこれと揃えるよりも、いいものを少数厳選で。よく切れる包丁で切った野菜や肉は、型くずれしにくく味が調《ととの》うのでとてもおいしくなります。料理の腕が上がり、自炊の味も向上し、外食が減るので、おいしく食費を節約できます。

フライパン、鍋、小鍋、キッチンペーパー」が揃っていれば困りません。

ある料理人の話では、穴のあいたフライ返し1本あれば、フライの衣づけから揚げ焼き、盛り付けまでこれだけでできるそうです。鍋をたくさん持たなくても、蓋つきの深めのフライパンひとつで蒸し物も煮物もカレーもつくれます。

ここでも「この調理にはこの道具」という固定観念を外すと、ひとつの道具でいろいろなことができます。

貯め上手さんのキッチンの法則

洗剤は一本化している

洗剤はこれだけあればOK ！
水まわりにも使える

お酢スプレーのつくり方

酢１：水４の割合で水溶液をつくり、
スプレー容器に入れる。

貯めるのが苦手な人の多くは、グッズにしてもツールにしても、靴や服にしても、とにかくいろいろな種類のものをたくさん持ち過ぎています。大物に限らず、小物も然《しか》り。洗剤も同様です。

油汚れ落とし専用、拭き掃除専用、食器洗い専用、磨き洗い専用、漂白剤、除菌スプレーと、用途別に多種類の洗剤を用意していませんか？

種類が多いと、詰め替え用などのストックの数も増え結構なスペースが必要となり、場所を取ってしまいます。しかも出費もかさむため、空間とお金のムダが増えてしまうことになるのです。

揃えておくのは台所用洗剤と漂白剤だけ

用途別で揃えると、キッチンだけでも最低6種類は必要になりますね。でもキッチンの汚れ落としに専用洗剤はいりません。台所用洗剤があれば、シンク汚れも油汚れもきれいに取り除くことができます。**台所用洗剤は、食器や調理器具の油汚れを落としてくれるもの。そもそも油汚れには強いのです。**

台所用洗剤の他に専用で用意しておくとよいのは泡タイプの**漂白剤スプレー**だけ。あとはキッチンにある**重曹**、**酢**、**ウェットティッシュ**の3つがあれば、わざわざ専用洗剤を買わなくてもカビ、ぬめり、水垢、ガラスの曇りなどは一掃することができます。

たとえば魚焼きグリルの焼け焦げ、鍋の焦げ付き、食器の黒ずみなどは重曹を。コンロまわりの油はねや飛び散り、またシンクまわりの水垢やぬめりはお酢スプレー(酢1：水4の割合)、食器棚の窓ガラスや床の拭き掃除にはウェットティッシュ、しつこいカビは漂白剤できれいにすることができるのです。

戦わないラクチン掃除で幸せ感も味わえる

しつこい油汚れやこびり付きは、台所用洗剤の泡湿布で落とせます。やり方は簡単。食器洗い用スポンジに水を含ませ、台所用洗剤を垂らしたら手で揉んで泡をつくります。それを汚れの上にポンポンとのせていき、しばらく置いて汚れをゆるませてから拭き取るだけ。こびりついてしまったものは、泡をのせ、上にキ

まとめ

キッチンにあるものを活用すれば多種類はいらない！

¥ 洗剤を一本化するだけでこんなに浮く

油汚れ落とし専用324円＋詰め替え用240円 拭き掃除専用328円＋詰め替え用189円 食器洗い専用168円＋詰め替え用248円 磨き洗い専用178円＋ストック178円 漂白剤328円＋詰め替え用218円 除菌スプレー 348円＋詰め替え用306円	【合計3053円】
食器洗い専用168円 漂白剤328円	【合計496円】

2,557円 オトク

（ドラッグストアM　2019年7月現在の価格参考）

ッチンペーパーをかぶせたらさらに泡をのせ、1時間ほどおいたら拭き取ります。懸命に汚れを落とそうと戦えば、掃除は大変に。それよりも泡湿布で汚れを吸着させ、ゆるめて落とすとラクチンです。

このように専用洗剤を使わなくても、台所用洗剤が1本あれば掃除は十分。洗剤にしても漂白剤にしても、しょっちゅう使うことで残りの量も把握できます。そろそろなくなりそうだなと思ったら詰め替え用を買う。するとストックも持つ必要がなくなりますね。

お金持ちPOINT

貯め上手さんのキッチンの法則

重いものはラクして買っている

こういうものは配達を利用したほうがいい

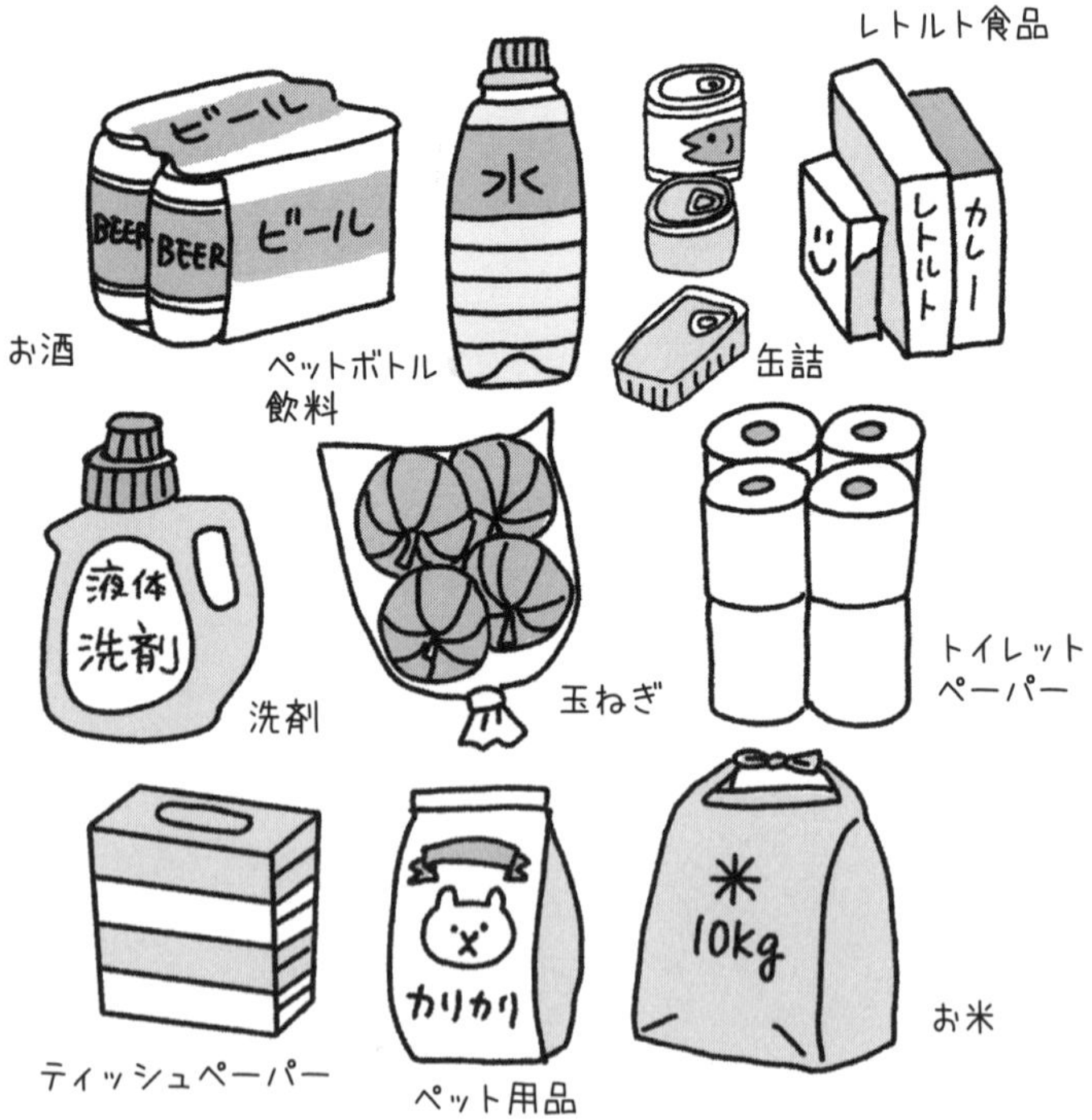
レトルト食品
ビール
ビール
BEER
BEER
水
レトルト
カレー
お酒
ペットボトル
飲料
缶詰
液体
洗剤
洗剤
玉ねぎ
トイレット
ペーパー
10kg
カリカリ
お米
ティッシュペーパー
ペット用品

特売やセールでのまとめ買いは、必要のないものや今すぐなくてもいいものまで買ってしまって、結局はムダな出費につながりやすいのですが、例外もあります。少なく買うと高くつくものは、少数のまとめ買いもあり、ということです。

たとえばビールや揚げ物用の油、缶詰やレトルト食品など。もちろん、まとめ買いといっても、量の多いもの、重いものに限ります。保存がきくものは備えとしてストックしておくと、冷蔵庫がカラになったときのお助け食材や一品料理として使うことができます。

「○円以上で××ポイントプレゼント」など、クーポンやポイントもまとめ買いのほうが貯まりやすくなるので、その点も魅力ですね。

重たいものを持ち帰らなければ買い物もラクに

買って持ち帰ると重たいもの、かさばってしまうものは「重いものシリーズ」として、まとめ買いしたほうが買い物はラクになります。というのも数や金額がまとまると、自宅まで配達してくれるスーパーが増えているからです。

お金を使って買い物をするならラクに楽しくがいちばんです。重いもの、かさばるものを手で運んで持ち帰るのは結構シンドイもの。一定の金額分を買って配達してもらえばつらい思いをしなくて済みます。これもちょっとした幸せ感につながります。**「重いものシリーズ」にできるのは、ビールなどお酒類、ビンや缶入りの調味料やペットボトル飲料、缶詰、レトルト食品、洗剤、玉ねぎなどの根菜、トイレットペーパー、ティッシュペーパー、ペット用品、お米など。**

「配達」を考えたら、生協などを利用するのも方法です。使った金額も把握しやすく、節約レシピも豊富なので、貯め上手さんのなかには生協を上手に使っている人も少なくありません。

重いものは基本サイクルを決めて購入

安いときに「重いものシリーズ」を買うのもありですが、何かがなくなるタイミングに合わせて、他の品物を合わせ買いするとよいでしょう。

トイレットペーパーがなくなるタイミングに合わせて瓶の調味料や缶詰類を見

まとめ

配達サービスを利用して幸せに買い物しよう

自炊を続けるには時には手抜きをするのがコツ

自炊が続くコツは、宅配のついでに「手抜き贅沢加工品」も取り寄せること。

有名店のパスタソース 約250円	外食のパスタ 約1,200円
有名店のレトルトカレー 約300円	外食のカレー 約1,500円
高級なサバ缶 約650円	外食のサバ料理 約1,200円

これが家にあると思えば、外出先で食事をせずに出費が半減。家でサッとつくれるのでラク。

直して買い足す。こうした基本サイクルを決めておくとムダ買いやダブり買いを減らせます。

せっかくラクに買い物をするのであれば、メニューの応用がきくトマトソース、ちょっと高級なサバ缶といった素材もののほか、有名店のパスタソースやレトルトカレーなどを購入しておくのもおすすめ。ひとつ２００〜３００円程度で家にいながら有名店の味を食べることができるので、外食費をかけずにちょっと贅沢な食事が楽しめます。

貯め上手さんの洗面所の法則

生活感のない洗面所をきれいに保っている

使わないヘアムースなどは取り除く
タオルは「わ」を上に
歯ブラシは上の棚へ入れ、見えないようにする
ストックは洗面台下の棚へ

洗面台のまわりには、毎日使うものがこまごまと置かれがちです。しかも朝のあわただしい時間帯に複数の人が利用する場所でもあるため、散らかったまま、汚れたままになりがちという問題も。

そうした雑然とした状態を解消して、生活感を減らしていくことで洗面所の汚れを最小限にとどめることができます。

理想は、出しておくものは出しておきながら、使いやすく、なおかつ美しい洗面所であること。そのためには出しておくもの・しまっておくものを決めることが先決です。

いらないものは普段開けない場所に潜んでいる

出すもの・しまうものの見極めをする前に、着手したいのが「いらないもの」を選別して、しまうためのスペースをつくることです。洗面所で「いらないもの」を発見するポイントが、普段は開けない扉や引き出しの中のチェック。

ヘアスタイルを変える前に使っていたムースやスプレー、使い残してしまったヘアカラー、「いつか何かで使うかも」と取っておいた化粧品サンプルやアメニティーグッズ、切れなくなった剃刀《かみそり》などは、スペースから出して取り除きます。

洗面台下のスペースも忘れずに確認を。洗剤のストックが無造作にしまい込まれていたら、ムダ遣いをなくすため、何がどのくらいあるのかを把握しておきましょう。今ある洗剤や柔軟剤のストックを使うときに、残り1回分でなくなりそうな時点で買い足すスタイルに変えて、買いだめはストップします。

使いやすい&きれいに見せるを考えてモノを置く

いらないものを取り除いてスペースができたら、洗面台のまわりに出すもの、引き出しにしまうもの、洗面台下にしまうものを決めてしまい直していきます。

仕分け方としては、歯磨き関係や洗顔関係、ヘアケア製品はカゴやトレーにまとめてから棚の中に。ハンドソープや石鹸は洗面台の上に置きます。またボディケア用品や洗濯関係は、それぞれゾーンを分けてシンク下に、と考えるとよいでしょう。ポケットティッシュや薬瓶、家族それぞれの化粧品などは、同じグルー

まとめ

スッキリ洗面所のキーワードは「脱・生活感」

¥ 洗濯用洗剤がなくなるタイミングを把握していますか？

洗濯1回あたりの洗剤の分量を把握すると、
ストックを購入するタイミングがわかりやすい！

【参考】
某メーカーL社商品T洗濯用洗剤1本820mL
（278円前後）
一回の洗濯30Lにつき20mL使用　41回分

某メーカーL社商品A洗濯用洗剤1本900mL
（250円前後）
一回の洗濯30Lにつき25mL使用　36回分

水量30Lに対する洗剤使用量

2019年9月現在の価格参考

プでまとめてトレーなどに入れてから引き出しや棚の中に。

　また、**タオル類を見えるようにしまうなら、たたんだときの「わ」のほうが見えるようにするときれいに見えます。**ティッシュの箱もコンパクトにし、洗面所の色に合わせるだけで変化します。扉がついていないスペースにモノをしまうなら、中のものが見えないように目隠し用のカーテンをつけるのもよいですね。そうしたちょっとした工夫で、生活感ありありの洗面所がオシャレでスッキリとした印象に変わります。

お金持ちPOINT

貯め上手さんの洗面所の法則

ついで掃除のしやすいしくみができている

古タオルははがき大に。
掃除に使う

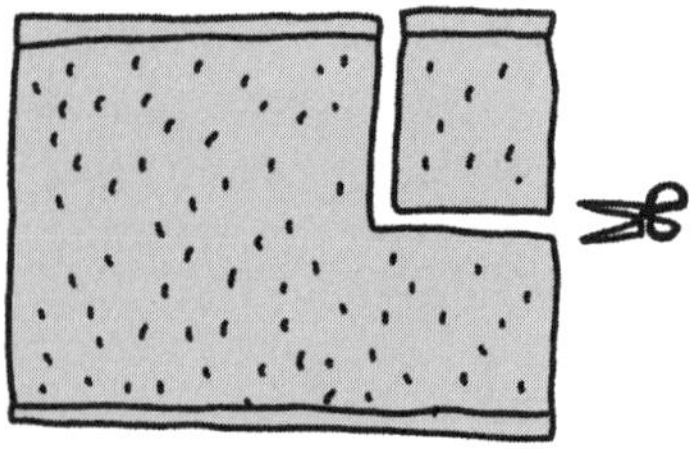

歯磨き粉をつけて磨けば
ピカピカに
※素材によってキズが付いてしまうので事前に確認を。

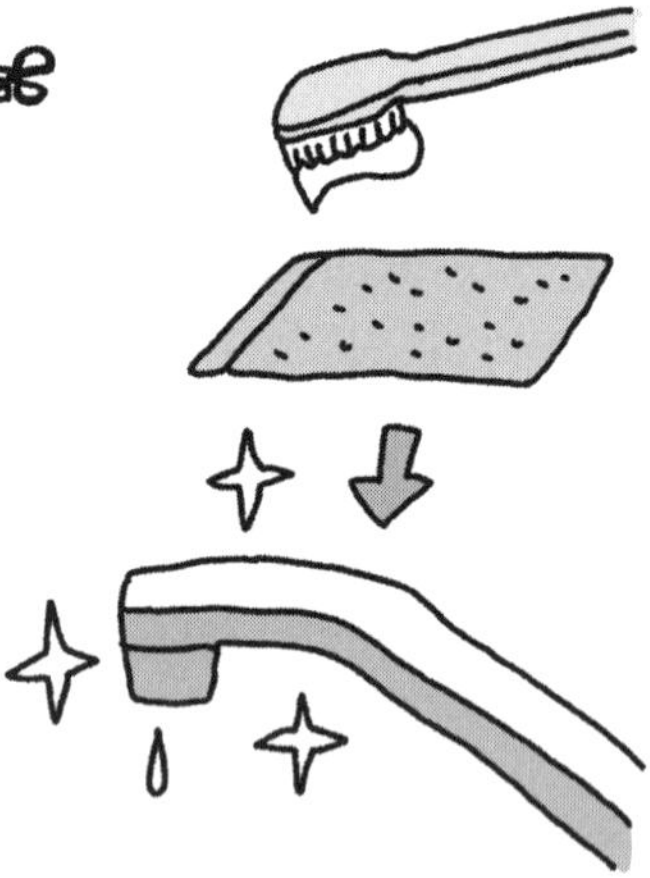

化粧品のサンプルは
贅沢に使う

スペースを空けるために洗面所から取り除いたものの多くは、「もったいない」「いつか使うかも」「とりあえず」でたまったものの数々です。けれども「いつか」は来ないことは明白です。

洗面所の整理と整頓で出てきた使わないものの山は、思い切ってなくしてしまいましょう。ホコリは動かないものにたまるチリの山。ホコリがついているなら、しばらく使っていない証拠です。これも目安にして捨てるものを見つけていってください。

使用期限の過ぎたもの、古いものは取り除く

化粧品やヘアカラー、ヘアケア製品などにも使用期限があります。何年も経っているものは品質が劣化している可能性があるので、「もったいない」と思わずに捨てるものとして処分を。

まだ使えそうな化粧品サンプルは、湯船に入れて化粧水風呂、乳液風呂にして使い切ってしまう方法もあります。他にも使い切れずに残っている化粧品がある

なら、このように贅沢に使い切ってしまうのもありです。

またタオル類は、色あせやゴワつきが出てきたときが取り換えどき。はがき大に切り分けて、洗面所の拭き掃除などに使ってから捨てるようにします。

きれいな洗面所は、使用後のあと始末が大事になります。たとえば洗面台を使ったら、洗面所を離れる前に飛び散った水分などをティッシュ1枚でひと拭き。これだけで汚れの付き方が変わってくるのです。

「ついで」&「家にあるもの」でプチ掃除

最も汚れやすい洗面ボウルとその周辺は、「ついで掃除」を習慣にしておくと、きれいな状態をキープできます。

たとえば歯を磨いたついでに、小さく切ったタオルに歯磨き粉をつけて、排水口や蛇口などのステンレス部分をちょこちょこっと磨いておく。

タオルを交換するついでに、ハンドソープを手に泡立てて洗面ボウル全体を手洗いする。洗い終わったら水で流し、交換前のタオルで洗面台の水分を拭き取っ

まとめ

「美」をつくる場所だからこそ常に美しく！

専用の掃除グッズや洗剤は揃えると高くつく！

家にあるもので掃除すれば、掃除グッズや洗剤を購入しなくて済む！

カビ取り用洗剤	約1,200円
パイプ用洗剤	約300円
ゴム手袋	約300円～700円
鏡の汚れを取る洗剤	約600円
スポンジ	約200円（2個セット）

それだけで、約2,600～3,000円ほど浮いてしまう！

て、さらにハンドソープボトルもひと拭きしてから洗濯カゴへ。鏡を使ったら、タオルの四隅でピンポイントに磨く。最後に、さわやかな香りの精油を垂らして、いい香りで空気もきれいに。「ついで掃除」で使うのは歯磨き粉やハンドソープ、使用したタオルなどの「家にあるもの」だけ。専用洗剤も不要です。

このように「ついで掃除」を習慣にしておくと、洗面所は常にピカピカです。そこに小さくてもよいのでグリーンをひとつ置けば、洗面所を使うたびに幸せな気分になります。

お金持ちPOINT

貯め上手さんの浴室の法則

シンプルでリラックスできる状態にしている

掃除用スポンジやブラシは
視界に入らない位置に

浴室内には、しまい込んで隠すためのスペースがありません。すべてのものが外に出ている状態となるため、片付いていてきれいな浴室であるためには、「モノは出ているけれどスッキリしている」空間にしていくことが大切です。ボトル類やボディタオル、掃除グッズがゴチャゴチャと置かれていると、全体の印象も雑然としてしまいます。

現状を知るために、浴室に入って、立ったまま中を見回してみましょう。どこが雑然として見えるかがわかります。スッキリした空間に変えていくためにも、まずは置かれているものの数を減らしましょう。

シャンプー類は各自のお気に入りをつくらず家族で1本に

数減らしで着目したいのがシャンプー、コンディショナー、ボディソープ、フェイシャルソープといったボトル類です。残り少ない使いかけのボトルと、おろしたての新しいボトルが混在したりしていませんか？

なかには家族が一人ひとり、自分用のお気に入り銘柄を使っているご家庭もあります。これは費用面でもスペースの面でも掃除時間の面でも、大きなムダに。それぞれお気に入りはあるかもしれませんが、家族全員が同じものを使うようにするだけでボトルのムダが随分と減らせます。

また小物類は、底に水がたまりにくい水切れのよいカゴにまとめておきましょう。お掃除道具は、スポンジかブラシだけを置きます。これだけで見た目もよくなります。

片付けは死角を利用した「見えない収納」で

浴室をリラックスできる空間にするには、目に入る場所にいろいろなものが置かれていないことが大事です。

浴槽でくつろいでいるときに掃除グッズや小物類が視野に入ってくると、気持ちも落ち着かなくなりますよね。見えるとしても、せいぜいシャンプーなどのボトル類、ボディタオル、ボディブラシまで。その他のものは死角に置いて「見えない置き方」で片付けましょう。浴槽まわりも基本的には空きスペースに。何かを置くならグリーンだけにします。

死角を探すには、浴槽に入った位置で正面から浴室内全体を見ます。洗い場のドレッサーの陰など、浴槽につかっているときに視野に入ってこない場所が死角です。だから掃除道具はひとつだけ。使用したい洗剤があれば、洗面所の棚下に置きましょう。浴室のタオル掛けには、子ども用のシャンプーハット、オモチャを。水気のきれるバスケットやハンモックに入れるのも方法です。

まとめ

視界から遠ざけるだけでリラックス度は変わる！

¥ 浴槽につかって良質の睡眠を

平日の睡眠時間が同じグループごとに浴槽入浴習慣の有無と睡眠への不満の関係を調査（30代から50代の男女。睡眠時間6～8時間）したところ、

	浴槽入浴週1回未満または習慣がない人	毎日浴槽入浴の習慣がある人
寝つきが悪い	27.8％	18.0％
熟睡感がない	25.9％	13.3％

毎日浴槽入浴する人は週1回未満の人と比べて、「寝つきが悪い」「熟睡感がない」という不満を持つ人が少なかったそうです。きれいな浴室なら、ゆっくり浴槽につかれるはずです。

（東京ガス株式会社都市生活研究所『“自分を整える”暮らし方 30～50代の生活意識と実態』より改変）

貯め上手さんの浴室の法則

カビやぬめりにすぐ対処
清潔を保つ工夫をしている

ボトルの底のカビは
粗塩でこするとよい

ボディソープを
お風呂掃除に使う

水垢には
お酢スプレーを

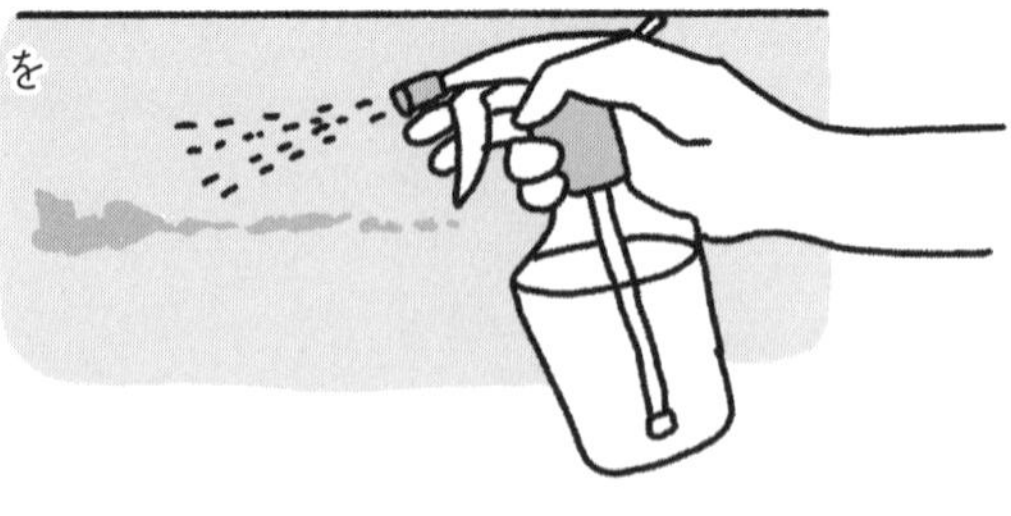

住まいの五大不浄は「ホコリ」「ぬめり」「カビ」「汚れ」「湿気」です。

水まわりはこれらが集まりやすい場所。浴室も例外ではありません。とくに気をつけたいのが「ぬめり」と「カビ」。換気を意識していても、油断するとすぐに浴室のあらゆるところにカビが生えてきてしまいます。

今あるものをチェックしてみて、すでにカビにおかされて手遅れとなっているものは、「捨てどき」「替えどき」と考えて、新しいものと交換しましょう。

浴槽の蓋も、ホームセンターで手軽に購入できます。**カビ落としをしてもきれいにならないときは、思い切って買い替えを。**カビはどんどん増殖するので、そのまま使い続けると他の場所まで浸食されてしまいます。

そこにあるカビとぬめりは徹底して取り除こう

カビ対策の基本は、見つけたらすかさず退治してしまうこと。発生しやすいのはタイルの目地、扉のゴムパッキン、プラスチックカゴの底、ボトルの底などです。カゴ底やボトルの底のカビは粗塩を使って、こすり落としをすれば簡単に落とすことができます。「ぬめり」も一緒に取り除けるので一石二鳥。タイル表面のカビは薬用ハンドソープで磨き洗いを。

タイルの目地やゴムパッキンのカビには、泡タイプの塩素系漂白剤が効きます。スプレーする前に水気をよく拭き取り、乾いた状態にしてから直接カビの部分に吹きかけます。キッチン用でも十分です。拭きかけたらキッチンペーパーやティッシュをのせて、数時間ほど漂白剤湿布をしたあとに洗い流します。

塩素系漂白剤は、酸性洗剤と混ぜないように注意して、使用中は窓を開け、換気扇を回してしっかり換気しておきましょう。

「ついで掃除」と水分除去でピカピカの浴室をキープ

カビとぬめりを撃退したら、発生させないように予防することも大事です。**日頃の浴室掃除はボディソープがあればＯＫ。**皮脂汚れを落としてくれるので、専用の浴室用洗剤はいりません。浴槽も浴室の壁も床も、スポンジとボディソープできれいにできます。水垢が目立つところはお酢スプレー（つくり方は48

ページ）で落としましょう。水垢はアルカリ性なので、酸性のお酢スプレーが効果的なのです。また蛇口の曇りはウェットティッシュで磨くとピカピカになります。

　お風呂から上がるときにしておきたいのが、シャワーでのひと流しと水分除去。**壁についた石鹸成分をシャワーで流し、換気扇を回します。寝る前には、タオル地のバスマットを浴室の床に置いてダメ押しで水分を除く。**この2つを風呂上がりの習慣にしておけば、カビ・ぬめり知らずの清潔な浴室が保てます。

まとめ

「カビ」「ぬめり」との終わりなき戦いに終止符を打とう

¥ 水まわりがきれいな家は高く売れる！

水まわりがきれいでリフォームいらずのAさんは（参考：ユニットバス工事およそ60万円～）、15年住んだマンションを、買ったときよりも数百万円高く、4,000万円で売却することに成功。一方、黒ずんだ水まわりで築古臭のする家の持ち主Bさんは500万円でも買い手が付きません。AさんBさん共に、首都圏在住、築20年の物件です。とくに水まわりをきれいにすることで家の資産価値は大きく変わります。

お金持ちPOINT

貯め上手さんのトイレの法則

汚れやすい場所だからこそ片付いている

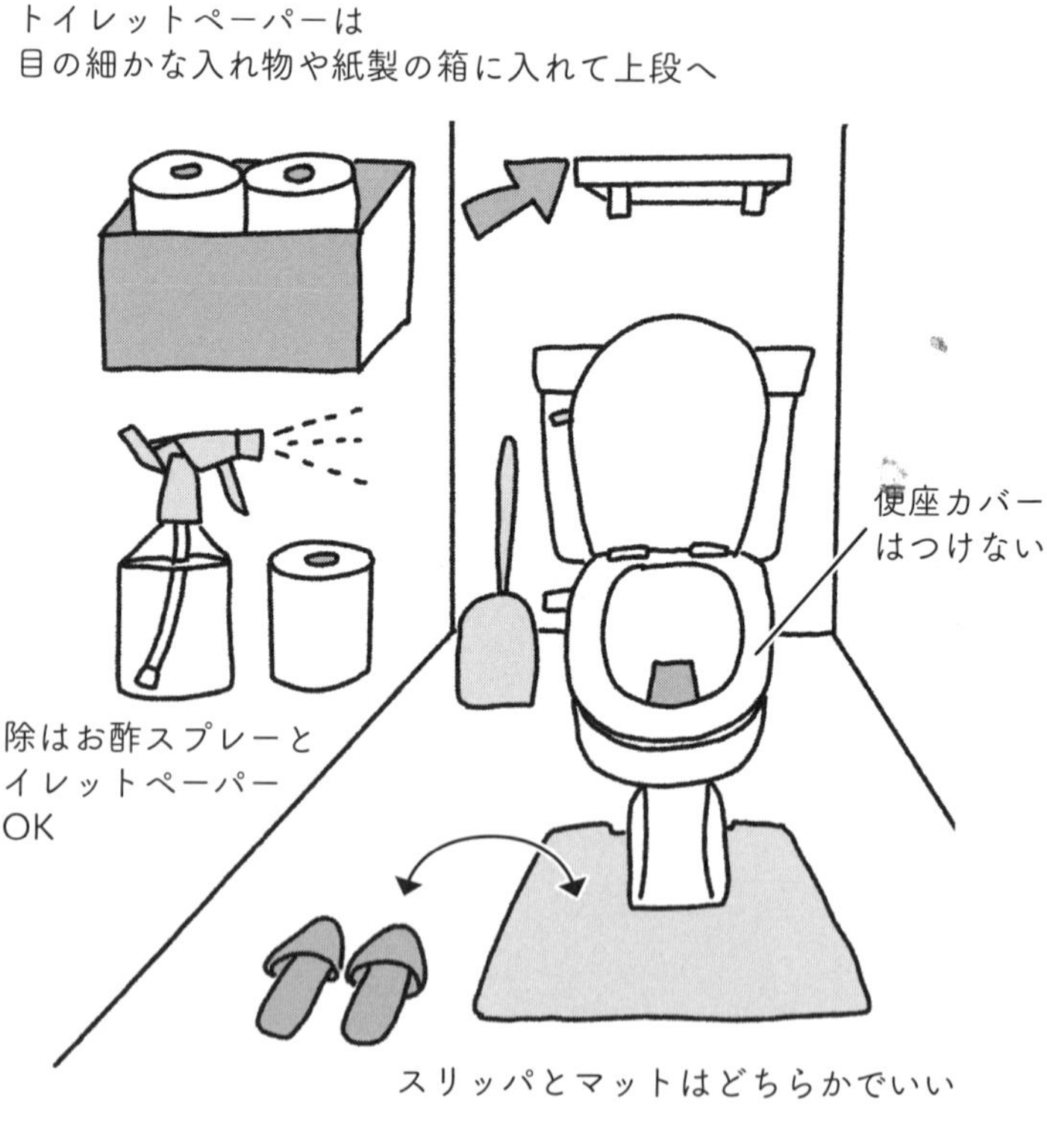
トイレットペーパーは
目の細かな入れ物や紙製の箱に入れて上段へ
便座カバー
はつけない
掃除はお酢スプレーと
トイレットペーパー
でOK
スリッパとマットはどちらかでいい

玄関が「表の顔」なら、トイレは「第二の顔」。玄関と同様、トイレも常にきれい・清潔を保ちましょう。表の顔がどれほどきれいに整えられていても、トイレに清潔感がないと福の神はやってきてくれません。

トイレの入り口に立ち、お客様目線で使い勝手や汚れの箇所をチェックしてみてください。さらに便座に座って、そこからもお客様目線でトイレ内を確認。清潔でシンプルに片付いているか、見たくないものが目に入ってこないか、壁にホコリや汚れが付いていないか、床の隅まできれいになっているか。お客様目線で確認しておきたいのはこの４点です。

シンプル・イズ・ベストできれいなトイレに

トイレ内から取り除きたいのが、薄汚れてきたもの、空になったものです。空になった消臭剤、ホコリがたまっている飾り物などはトイレに置いておかないほうがよいものです。トイレブラシもカビやバイ菌の温床になりやすいため、こまめにチェックして交換を。**トイレブラシは半年から1年が交換の目安**です。

トイレスリッパも裏が汚れていないかチェックを。トイレマットとスリッパを併用しているご家庭もありますが、2つを同時に使う必要はありません。**スリッパを使うならマットをやめる、マットを使うならスリッパはやめるなど、どちらかにしましょう。**便座カバーも外したほうが衛生的です。こまめに洗う必要があり、洗濯時は洋服類を一緒に洗えないので時間＋水道代＋電気代が加わり、しかも面倒です。

また予備のトイレットペーパーや掃除道具は、ホコリが付きにくい紙製の箱などに収納して直接目に触れないようにしましょう。

トイレブラシも、普段は目に触れないように便器の裏などに隠しておきます。ただし来客時は、お客様が使いやすいように手前に出しておく心配りを。

お酢スプレーでトイレはきれいにできる

トイレ掃除にも専用洗剤は不要。お酢スプレーがあれば、便器・タンクから壁、床まですべてきれいにできますし、汚れだけでなく脱臭も除菌もできます。

まとめ

トイレを出るときは「立つ鳥跡を濁さず」で！

家庭のトイレもいいお店のようにきれいに！

TOTOの調査によると、飲食店のトイレがきれいだと「お店のイメージがよくなる」と回答した人の割合が79％と、トイレのきれいさが飲食店の好印象へとつながることがわかりました。

（2013年TOTO　飲食店トイレについての意識調査【20代～60代の男女】より）

家庭でも、人を呼べるような家になれば増税後の外食費の削減にもつながりますし、清潔なトイレは病気を防ぎ、医療費の削減にもつながるはずです。

掃除も簡単です。お酢スプレーを吹きかけたら、あとはトイレットペーパーで拭き取っていくだけ。このとき忘れずに便座を立てて、裏側まで徹底的にきれいにしましょう。気になる便器の中の黒ずみは、泡タイプのスプレー漂白剤を吹きかけてしばらく放置すれば除去できます。トイレを使ったら、出るときにチェックを忘れずに。それだけでクリーンな状態をキープできます。便座の上をひと拭きしたら、便座を立てて裏もひと拭き、を習慣に。

貯め上手さんのリビング・ダイニングの法則

必要なものがサッと取り出せるようになっている

現在進行形のものは出しておく

小物類はカゴに
ひとまとめにして
テーブルの近くへ
文房具は手の届き
やすい指定席へ
リモコン類は
ダイニング
テーブルや
ソファの近くに
スマホやタブレットは
充電ゾーンをつくって家族全員分を集合

リビングやダイニングは家族が集う場所です。またそれぞれの場所に役割があります。ダイニングは食事を楽しむ場所、リビングはゆったりくつろぐ場所。ＬＤＫでも、**それぞれの場所の役割が生かせるように、ゾーンを分けて空間づくりをすることがスッキリ片付けの基本です。**

リビングで子どもを遊ばせたり、勉強させたりする場合も、キルティングマットやウレタンマットなどで子ども用スペースをつくり、はっきりゾーンニングをしておきましょう。お客様がくるときはサッとしまえて、本来のリビングとして使えるようにしておくことも大切です。

その空間に置く必要のないものを取り除く

ダイニングテーブルの上に、ＤＭ類や雑誌、文具といった食事とは無関係なものが置かれていたりしませんか？　食事中にそうしたものが目に入ると料理がおいしく見えません。ダイニングは幸せ気分で食事を楽しむことを第一に考えて、雑多なものはリビングで管理しましょう。

リビングは、いわばパブリックスペース。皆がくつろげる工夫が大事。まずはリビングに置く必要のないものが置かれていないかをチェックします。脱ぎっぱなしの洋服、通勤・通学用バッグなどが無造作に置かれていたら、クローゼットや子ども部屋などそれぞれの定位置に戻しましょう。

モノの配置は、よく使うものは自分が動かなくても手が届く範囲に置き、すぐに使わないものは必要なときにサッと取り出せるようなしくみをつくっておきます。こうすると散らかりません。

「今使うもの」だけを出して指定席を用意

現在進行形のものは出しておく。過去のものはしまう。このように仕分けをしておくと、必要なものだけを置いた整然としたリビングになります。たとえば毎日使う小物、リモコン類、スマホやタブレット、ペンやはさみ、メモ用紙といった文具、今楽しんでいる趣味関係のものなどが現在進行形のものです。

今は聴いていないCD、観ていないDVD、使わなくなった小物、昔の趣味作品、写真やアルバムなどは過去のもの。

現在進行形のものは、小物類ならカゴにひとまとめにしてテーブルの近くに、リモコン類もひとまとめにしてダイニングテーブルやソファの近くに、文具類も手の届きやすい場所に、など**指定席をつくって、使ったらそこに戻す**ようにします。スマホやタブレットは充電ゾーンをつくって、家族全員分をそこにまとめておくとよいでしょう。テーブルの上に置いていいのは今使っているリモコンだけと決めると、片付いた空間になります。

まとめ

ゾーンを分けて指定席をつくることがポイント

￥ 片付けをすると、本当にお金が出てきます！

スッキリしたリビング・ダイニングにするための片付けをしてみると、「へそくり」「小銭」「図書カード」など、忘れ去られていた金券類が出てくることが多いのです。実際に、私の知り合いで現金２万円を発見した人も。他にも、「買いだめしておいたリップクリーム」や「ちょっといい文房具」を発見するなど、意外なお宝の存在に気づくこともあります。

お金持ちPOINT

貯め上手さんのリビング・ダイニングの法則

出しっぱなしにしない工夫がある

グループ分けしてカゴやケースにまとめてから引き出しへ

すぐに使わないものは上の段にラベリングしてからしまっても

雑多なものが増えがちなリビングは、とにかく小物類をそのまま置かないことが散らかり対策の第一歩です。今使う現在進行形のものはもちろん、すぐには必要のないものも、**グループ分けして、小さいものはカゴやケースにまとめてから棚や引き出しにしまうようにしましょう。**必要なときに入れ物ごとサッと出して、使い終わったら入れ物ごとしまうシステムにします。

すぐに使わないものは、きれいな箱に入れてラベリングしてからしまうのもポイント。探し物がすぐわかりますし、出す↓戻す↓しまうもラクになります。

グループに仕分けして「目線」でしまう場所を考える

片付いた状態を保つには、家族全員が使いやすい、取り出して戻す場所を決めておくことも大切です。出しっぱなしを防ぐいちばんの秘訣は、しまう場所をグループに分けること。「この引き出しはこれ」「あの収納ボックスはこれ」と連想できるようざっくり括《くく》って用途別にまとめ、置き場所を決めましょう。しまう場所・置き場所を大まかに決めておくと、家族にもわかりやすくなります。

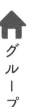

置き場所を決める際は目線も大切に。たとえば座っているときに使うものは座ったときの目線、立っているときに使うことが多いものは立っているときの目線で収納場所を決めます。最も取り出しやすい高さに置きましょう。

子どものものをリビングで使うときも、子ども目線で取り出しやすい高さを考えます。「子どものものが片付かない」「あちこち置きっぱなし」となるのは、しまう場所が子どもに見えづらかったり、置きづらい位置だったりすることが原因です。本棚なら高い段に大人の本、低い段に子どもの本を置くことで、子どもが本の出し入れをしやすくなります。ただし**オモチャ関係をリビングに置くことは基本的にお勧めしません。**リビングはあくまでリビング。オモチャは子ども部屋に置き、使うときだけ持ち運びできるカゴに入れて持ってきましょう。

帰ってきてからの動線を決めておこう

家族の服が脱いだまま置かれている、通勤・通学バッグがあちこちに置いてある。こうした状態をなくすには、約束をつくっておくことも大切です。

まとめ

家族みんなが使いやすく出しやすいしくみをつくろう

お金について考える時間づくりに家族の協力を

家族が使うリビングは公の場だと、子どもたちにも認識させましょう。お母さんだけが片付けるのではなく、「家族全員が自分のことは自分で」を実践することでお母さんの時間が生まれます。その時間を有効に使ってお金の貯まるアイデアを考えたり、お得な旅行の計画を立てる時間などに投資しましょう。

帰ってきたらリビングに入る前に各自の置き場所にカバンやバッグを置く。服を着替えたらクローゼットにしまえるものはしまい、洗濯物は洗面所のランドリーボックスへ。子どもの着替えは洗濯機のある場所でするると決めるのもよいですね。帰ってきてからの動線を決めて家族にも協力してもらい、置きやすい場所を見直しましょう。

リビングが片付いている状態だと家族も気持ちがいいもの。きれいなリビングにしておくと協力してくれるはずです。

お金持ちPOINT

貯め上手さんのリビング・ダイニングの法則

捨てる・譲る・レンタルでモノを停滞させない

写真は表情のいい
写真のみ残す

思い出の手紙やカードは
「思い出BOX」で保管

塩をふって
手ばなす

子どもの工作は
写真を撮ってから手ばなす

リビングをいつも片付いた空間にしておくには、過去のもので捨てていいものを決める、日々増えていくものを停滞させない、この2つがポイントになります。気を抜くと、こまごましたものが増えていってしまうのがリビングの宿命。お土産で人からもらった置物、使わなくなった健康器具、子どもの図画工作やぬいぐるみなどが所狭しと置かれていたり、DMや雑誌、学校からのプリントといった紙類が重ね置きされていたりすると空間も気持ちも片付かなくなります。

紙類は「捨てるしくみ」をつくる、思い出のものも減らす

DMやチラシ、学校からのプリントといったものは、目を通したらすぐに取っておくものを分けて、あとはゴミ箱に直行させましょう。**「あとで整理しよう」ではなく、「すぐ仕分けする」ことが紙類をためないポイントです。**

学校からの大切なプリントはファイリングケースにはさんでいくようにします。ときどき中を確認して、古くなったものは捨てていきましょう。すぐに捨てる習慣をつけるためにも、ゴミ箱はソファやテーブルの近くに置いておきます。

雑誌類は「ジャマだな」と感じたときが捨てどきです。その場ですぐに紐でひとまとめにしておくと、捨てるまでのステップが簡単になります。今はネットで情報がいくらでも入手できるので、「そもそも手元に置いておく必要はない」と気持ちを切り替えてみてください。

手紙やカードなど思い出として取っておきたいものは、丈夫できれいな箱で「思い出ＢＯＸ」を手づくりし、そこにしまっておきましょう。

思い出のあるものは感謝してお別れを

捨てにくいのが思い出のあるものや人からのいただきもの。たとえば家族の写真や子どもの図画工作は「捨てるのが忍びない」となりやすいですよね。でもチェックすると同じような写真が何枚もあったりするもの。「表情のいい写真だけ残す」と決めて整理していきましょう。

子どもの図画工作は一週間サイクルで展示し、「本当にこれはいいね」と思えるものだけ手元に残し、あとは写真を撮って手ばなしましょう。思い出のものを

まとめ

流れる水のごとく、リビングのものは淀ませない

こんなものもレンタルできる！

通勤服のレンタル

月々9,800円でプロのスタイリストが選んでくれたコーディネートが借り放題

冠婚葬祭　スーツレンタル

メンズスーツ　3泊4日5,800～7,800円
（購入すると5万円相当）
子どもドレス・タキシード　5,000円～7,000円
（購入すると12,800円相当）

家具レンタル

例：月額約2,400円で子ども用2段ベッド
　　月額415円で収納ラック

捨てるときは、お清めの塩を入れ、「ありがとう」と感謝してお別れすると心が痛みません。

いただきもの、まだ使えるものなどは使ってもらえる人にシェアするのも方法です。ネットオークションやネットフリマを活用すればお金にも換えられます。

また子どもは成長が早いので、使えなくなるものも多く出てきがちです。モノを増やさないためには、成長に合わせて必要なものをレンタルすることも考えてみましょう。

お金持ちPOINT

貯め上手さんのリビング・ダイニングの法則

客室としても魅せる工夫がある

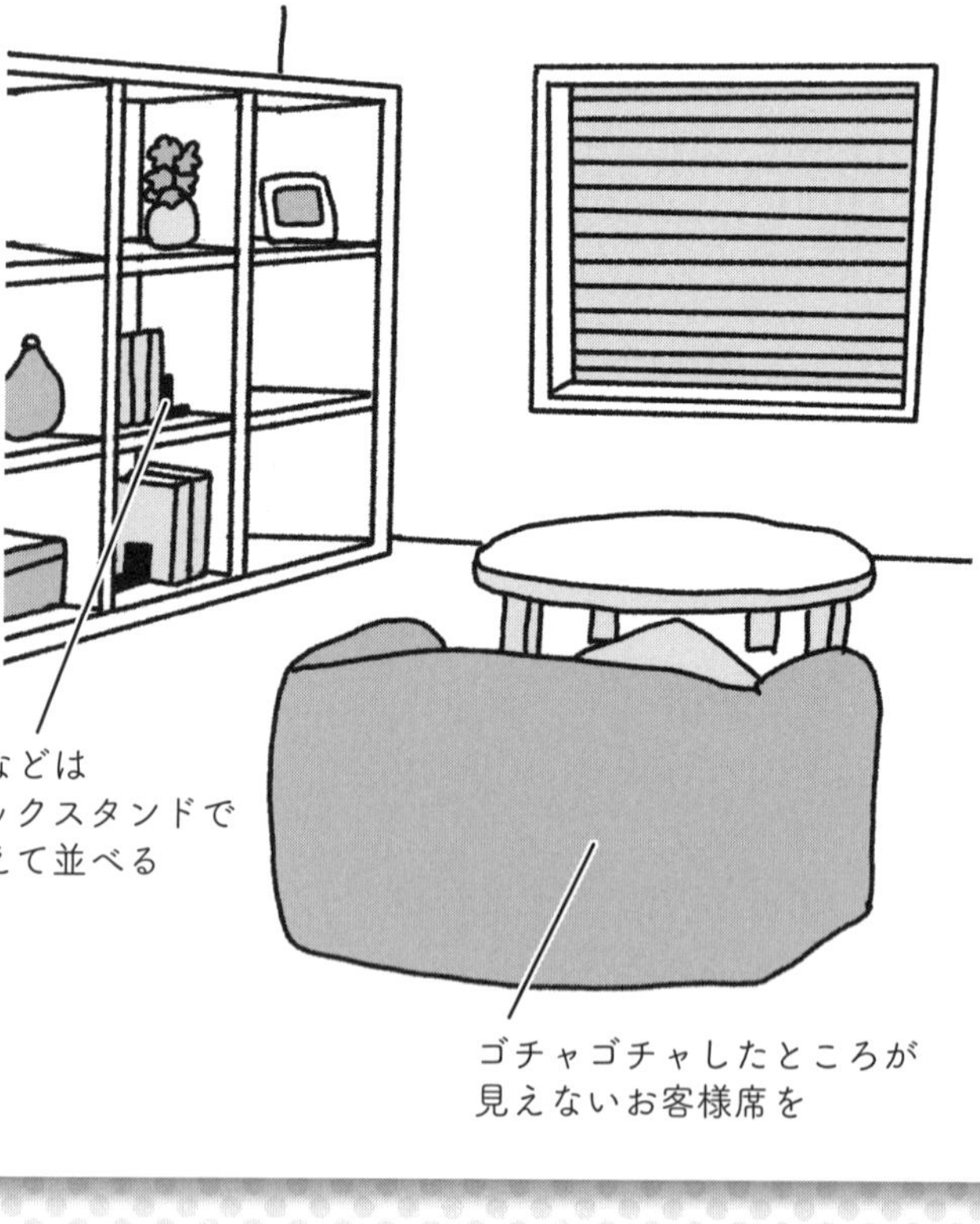
本などは
ブックスタンドで
揃えて並べる
ゴチャゴチャしたところが
見えないお客様席を

普段は家族がくつろぐスペースですが、来客の際リビングが客間になります。客間として使うには、日頃から生活感のあるものをなるべく出しておかないことが大事です。ときどき友人をお招きすると、部屋をきれいに使う習慣にもなります。**リビングの片付けでは「見せる」と「隠す」のメリハリをつけてモノを整理していくこと、見られて恥ずかしいものをサッと隠せるようにしておくことを意識しましょう。**

また「見せる」置き方では「魅せる」も大切。出しておくものの数が少ないほど、部屋は広く見えます。

お客様目線になって「お客様席」を決めてしまう

突然の来客があっても大丈夫な状態にしておくには、お客様の座る位置をあらかじめ決めておくことがポイントです。

まずはリビングをいろいろな場所から「お客様目線」で見回してみて、そこからどのように見えるかをチェックします。生活感のあるものが最も少ない場所があったら、そこが目に入る位置をお客様席としましょう。マナーとしての上座・下座にこだわらず、スッキリ空間が目に入る位置をお客様の指定席にしておくと、急な来客などの場面で、その位置から見えるところだけ整えておくというワザも使えます。

テレビや窓・出窓のほうを向いた位置を「お客様席」と決めたら、テレビのまわりにはモノを置かない、出窓に生活感のある小物類をゴチャゴチャ置かないなど、片付けのルールもできてきますね。普段からそこに座って汚れをチェックしておきましょう。

置いて「見せる」「飾る」なら空きスペースをもうける

リビングに入った瞬間、片付いていて、広い空間と感じさせるコツは、見せ方と空いたスペースにあります。

たとえばモノは重ねるより並べる、サイズを揃えるだけでスッキリ見えます。パソコンやプリンターをリビングで使っているご家庭なら、来客時は部屋のトーンに合わせた美しい布で半分覆《おお》って演出するのも「魅せる」工夫のひとつです。

棚や本棚も、インテリアとして「魅せる」工夫をしましょう。そのためには空きスペースをもうけることがカギです。

家族写真、コレクション、子どもの作品などは、グループごとにスペースを空けながら棚に飾ります。本も、ぎっしり詰めるよりは空きスペースを残しながら並べるほうがオシャレです。棚に空きスペースがあれば、来客時に生活小物や雑貨をひとまとめにしたカゴを棚に移動して置くこともできます。

¥ ホームパーティはこんなにお得！

店で集まる

- 大人は1人2,000円ほど。子どもは料理代以外に滞在だけで1時間400円かかるお店も
- 2時間制など、時間制限がある（昼間なかなか予約が取りづらい）
- 店への交通費がかかる
  大人1人、子ども2人で5,000円ほどかかってしまうことも。

ホームパーティ

- 豪華な料理を用意したとしても食事だけなら1人1,000円ぐらい
- 手づくりとデリバリーを上手に活用、料理の持ち寄りもできる
- 時間制限がない
  大人1人、子ども2人で1,800円くらいで十分楽しめます。

まとめ

「魅せる」を意識すると子どもの絵もインテリアになる！

お金持ちPOINT

貯め上手さんのクローゼットの法則

着たい「一軍の服」がサッと取り出せるようになっている

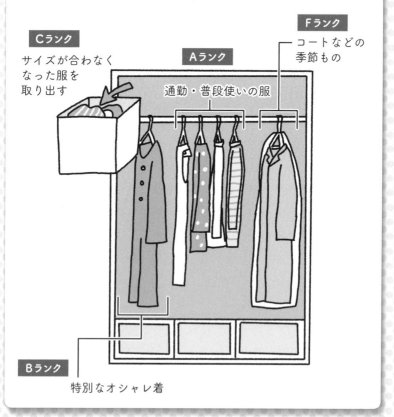

Fランク
コートなどの季節もの
Cランク
サイズが合わなくなった服を取り出す
Aランク
通勤・普段使いの服
Bランク
特別なオシャレ着

「よく着る服」はセンターに配置する

洋服は、手ばなすかどうかを決める前にランク分けをします。

仕事用の服、普段使いでよく着る服など出番の多い服を「Aランク」、休日のお出かけ用や特別なときに着るお気に入りのオシャレ着を「Bランク」、何年も着ていない服、何となく捨てられずに取ってある服、サイズが合わなくなった服などを「Cランク」、フォーマル用のドレスやスーツ、コートなどの季節ものは「Fランク」とします。

このうち「Cランク」の服だけをクローゼットから取り出してスペースをつくります。服の枚数が多くてギュウギュウに詰められているようであれば、「Cランク」に多めに割り振りましょう。

スペースをつくったらクローゼットの正面中央に「Aランク」の服をかけていきます。続いて「Bランク」「Fランク」の服をしまっていきます。

扉を開けた正面のセンターを「よく着る服のゾーン」にすると、着たい服がサッと取り出せるようになります。

余らせているスペース、ムダに使われているスペースを探す

扉を閉めて隠せるようになっている分、洋服以外のものまでしまって納戸化しやすいのがクローゼットです。洋服以外のものがいろいろ置いてあってスペースを占拠している。とりあえずありあわせの箱や袋に詰めた状態でモノが置いてある。もしも、このような状態になっていたら、服の整理に取りかかる前に、まずはスペースのムダを見つけていきましょう。

意外に重要なのは洋服をしまうためのスペースの確保。クローゼットの中を見渡してみて、服以外のものがしまい込まれていたら、中を確認して不要なものは手ばなしましょう。

今まで眠っていたものは、ほとんど「不要」であると見なすことも大事なポイントです。

上部の棚に置かれているものの置き方もチェックを。大きさや形がまちまちの

まとめ

愛着のある服、出番の多い服ほど目立つ位置に！

着ない服、金額にするといくら？

日本人女性の洋服の所持枚数は、平均160着。そのうち、「20歳以上の男女を対象とした調査」では、約7割が着ない服というアンケート結果が出ています。

クローゼットに眠っている洋服・バッグ・靴を金額にすると約13万円にもなるそうです。


（株式会社デファクトスタンダード実施。女性のクローゼット事情に関するアンケートより）


箱、紙袋に入れただけのものなどで占められていると、空きが出てきやすくなります。

クローゼットの整理は洋服の整理とモノの整理と同様に、空きスペースをつくることだと心得ましょう。

床に収納ボックスを積み重ねて使っているなら、高く積み上げすぎて、服を吊り下げるポールのスペースをつぶしてしまっていないかも確認しましょう。吊り下げスペースが増えると、ハンガーにかけられる服の枚数がその分増えます。

貯め上手さんのクローゼットの法則

服の量をとにかく減らす

あ、老けて
見える。似合わない。
手ばなそう……。
着なくなった服

服も靴と同様、「今着ていない服」は今の自分に必要のない服。前項で「Cランク」に分類した時点で、この先の出番はほとんどないと割り切りましょう。クローゼットをスッキリさせるには、しまう服の数を減らすのがいちばん。判断に人やお金を絡めてしまうと、捨てるべきものも捨てられなくなります。「○○さんにもらった服」「高価なブランド服」といった修飾語をつけないで、**シンプルに「着るか、着ないか」で判断していくのが枚数を減らすコツです。**

最終判断は再度着てみたときの自分の顔で決める

「Cランク」の服には、デザインが合わなくなった、サイズが変わった、好みが変わった、着ていてラクじゃないなど、何かしら着なくなった理由があります。捨てるかどうか迷う場合は、とにかくもう一度袖を通してみることをおすすめします。着てみたら、そのときの自分の顔をチェック。「あら、まだイケるじゃない」と幸せそうな顔をしていたら、その服は一軍として復活させます。復活させた服は、一度洗濯するかクリーニングに出します。それくらいの覚悟は必要です。

反対に幸せそうな顔ができなかったら、たとえ高価なブランド服であっても手ばなします。幸せにしてくれない服は、持っていてもこの先の出番はありません。まだまだ着られる状態の服なら、ネットフリマに出したり、衣料支援をしているＮＰＯに寄付すると気持ちの負担も軽くなります。

家族の服も上手にリードして整理していこう

量を減らしたら、増やさないことも大切。バーゲンの服は買わない、衝動買いをしない、は増やさないための鉄則です。もし新しく買うのであれば、長く着られる良質な服を厳選し、大事に着続けることを考えましょう。流行の服と似合う服は異なるので、試着したときの自分の顔が幸せそうかどうか、買うときも判断材料になります。

服を長持ちさせるには、外出着と部屋着をきちんと分けること、洋服ブラシを持つことも大切です。また服の見直しは年２〜３回、季節の変わり目といった節

まとめ

クローゼットの中は幸せにしてくれる服だけで満たす

¥ 似合わない服は老けて見えるので損

似合わない服を着ることでかかる美容代

■高級な美容クリーム
約15,000～40,000円（某S社）

■エステサロン
1回約6,000～10,000円以上

これらの出費は似合わない服を捨てるだけで節約できます！

目に行っておくとよいですね。

夫の服の整理は夫に任せるのが原則ですが、服の整理をしてほしいときはこんな方法も。残してほしい服は「すごくステキに見える」とほめまくり、手ばなしてほしい服は「ちょっと老けて見えるかも」と水を向けると、その気になってくれやすくなります。

子どもの服は親が管理し、着られない服は親が整理します。着てほしいと考えている服は、うんとほめて大好きな服にしてあげることが大切です。

お金持ちPOINT

貯め上手さんのクローゼットの法則

散らからない工夫がある

上の段には
取っ手付きの
ボックスを
すき間があるから
スッキリしていて
掃除しやすい
ハンガーは
同じ種類を
揃える
パンツ類もハンガーで

クローゼットの中の使い勝手がよくなると、扉を開けるのが楽しくなります。そこで、しまいやすい・使いやすい状態に置き場を整えて、服やバッグなどが散らからない工夫を。整理・整頓に役立つグッズを活用するのも方法です。限られたスペースをいかに有効活用するかがクローゼットの片付けのカギを握ります。

見た目と実用性を兼ね備えた片付け方を

クローゼットの上段にある物置き場は、前述したように空きスペースをつくりやすい空間です。季節家電のようなものは押し入れに移動させ、適当な入れ物に入れておいたものも取り出して、取っ手付きのケースなどに入れ替えを。

上段は手が届きにくい場所なので、安定して取り出せる取っ手付きケースを使うと出し入れがおっくうになりません。しまうものがたくさんあるときは、同じケースをいくつか用意しておくと、見た目が揃ってきれいに見えます。

洋服を吊り下げるポールは、服の出し入れがスムーズにできるようにスペースに少し空きをつくっておくことが大切です。

空きスペースの目安は、広げた手の親指から小指の間隔ほど。

このときに意外と重要なのがハンガー。針金ハンガーや厚みのあるハンガーなどが混じり合っていると、スムーズに出し入れできません。**きちんと服をしまうには、薄手のハンガーで、できれば同じ種類を揃えましょう。**

スカートやパンツなどのボトムス類も、同じ種類のピンチ付きハンガーに吊り下げてしまいます。ポールにかけるときは、ハンガーの向きを同じにしておくこと。ちょっとしたことですが、これだけで取り出しやすくなります。

またバッグやシワをつけたくないシャツ類は、吊り下げラックを使う方法もあります。仕切りつきでたてにしまっていけるため、省スペースで型崩れの心配もなく収納することができます。

衣類によって最適なケースを使う

下に置くボックスは、半透明で中身が確認できるものを。吊り下げる服の長さを揃え、その高さに合わせて積み重ねます。洋服類は少し深めのボックス、下着

まとめ

少しの空きと使いやすさがゴチャゴチャ状態を予防する

きれいにしまえば、長持ちする

杜撰《ずさん》な方法で管理し、3,000円のシャツを3年間で5回買い直すより、15,000円のシャツを、丁寧に管理し、お手入れをしながら5年以上着続けるほうが、上質なものを身に付けることができて、かえってお得です。

類をしまうケースは浅めのタイプがお勧めです。浅いケースに並べてしまうことで出し入れがしやすくなり、開けたときに一覧できるので、下着類がゴチャゴチャになることも防げます。またクリーニング用袋、洗濯用袋なども用意して、脱いだ服や洗濯が必要な服の行き先もつくっておいてあげましょう。

クローゼット内はポールにホコリがたまります。ポールのホコリはこまめに取り除き、しっかり掃除は衣替えのタイミングで行います。

貯め上手さんの押し入れの法則

どこに何があるかわかる工夫がある

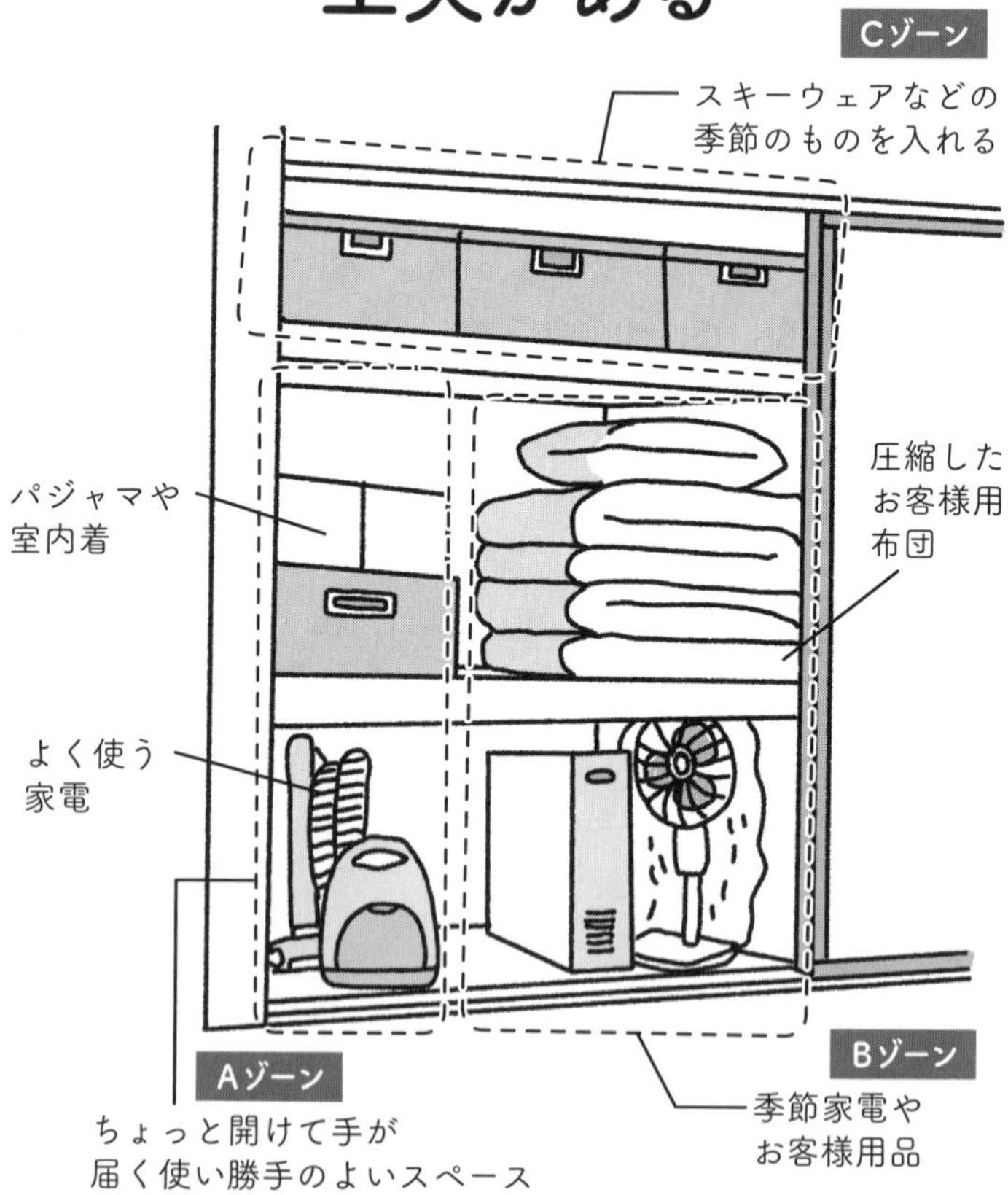
Cゾーン
スキーウェアなどの
季節のものを入れる
パジャマや
室内着
圧縮した
お客様用
布団
よく使う
家電
Aゾーン
ちょっと開けて手が
届く使い勝手のよいスペース
Bゾーン
季節家電や
お客様用品

スペースの大きな押し入れは、とりあえず使わないものの集積所になりがちです。他の部屋から取り除いた「いらないもの」、「捨てるに捨てられない過去のもの」の一時保管庫のようになってしまうことも少なくありません。

貯めベタさんたちの押し入れは、詰められるだけギュウギュウにモノを詰め込んで使わないケースが多いもの。**まずは不要なものを整理して手ばなし、ゾーンに分けて使い勝手のよいスペースにしていきましょう。**しまったものの全体像が把握できて、出し入れもラクになります。

「いつか使うかもしれない」ものをもう一度見直す

しまってあるもので困るのが「いつか使うかも」と取ってあるモノです。お客様用の布団、めったに出番のない家電、キャンプ道具などのレジャー用品、もらったけれど使っていない引き出物、これらは結構な場所を取ります。我が家の暮らし方と合わない、この先もほとんど使わないと判断したら粗大ゴミやネットフリマに出しましょう。

空きスペースをつくったら、使い勝手を考えてしまい直します。**押し入れの場合、ふすまを少し開けて取り出せる場所が特等席のAゾーン。下段には掃除機などのよく使う家電、上段にはパジャマや室内着など毎日出し入れするものをしまいます。Bゾーンはふすまを全開して出し入れできるスペース。扇風機やヒーターといった季節家電、年に数回は出番がくるものはここへ。お客様用布団も圧縮してここにしまいます。天袋や押し入れの奥のスペースは、めったに出番のこないもののためのCゾーン。**過去の思い出の品といったものは天袋へ、季節もののかさばる衣類などは押し入れ内のCゾーンにしまいます。

スペースのムダはなるべく出さないように

押し入れは空間が広い分、デッドスペースも生まれやすくなります。空間を効率よく使えるように、押し入れすのこは高さのあるものにして、下にもモノが入るようにするなど、グッズを活用しながら上手にスペースをつくっていきましょう。「置く」ほか、「入れる」「立てる」しまい方も考えてみます。

まとめ

大きな空間だからこそゾーン分けが大事

いらないものにかかるコスト

押し入れの中のいらないものは、シンクコスト（＝どのようにしても回収できない費用）です。いらないものをそのまま持ち続けるということは、採算の取れない工場を抱えて維持費ばかりかかり、赤字になってしまう企業と同じ。思い切って捨て、空いた分のスペースは別のものに再投資したほうが有効です。

しまってあるものの見直しは年に2回、季節ものを入れ替えるときがチャンスです。しまい直しをしたときに、どのスペースに何があるか簡単な見取図にしておくのもおすすめ。ひと目でモノの把握ができるので、必要なものをサッと取り出すことができます。

寝具や衣類にホコリがつかないようにホコリチェックは毎月行いましょう。特に四隅やキャスター部分は忘れずに掃除を。湿気がたまる場所でもあるので、ときどき1時間ほど開けたままにして換気しましょう。

お金持ちPOINT

貯め上手さんの寝室の法則

ホコリのない寝室で十分な睡眠をとっている

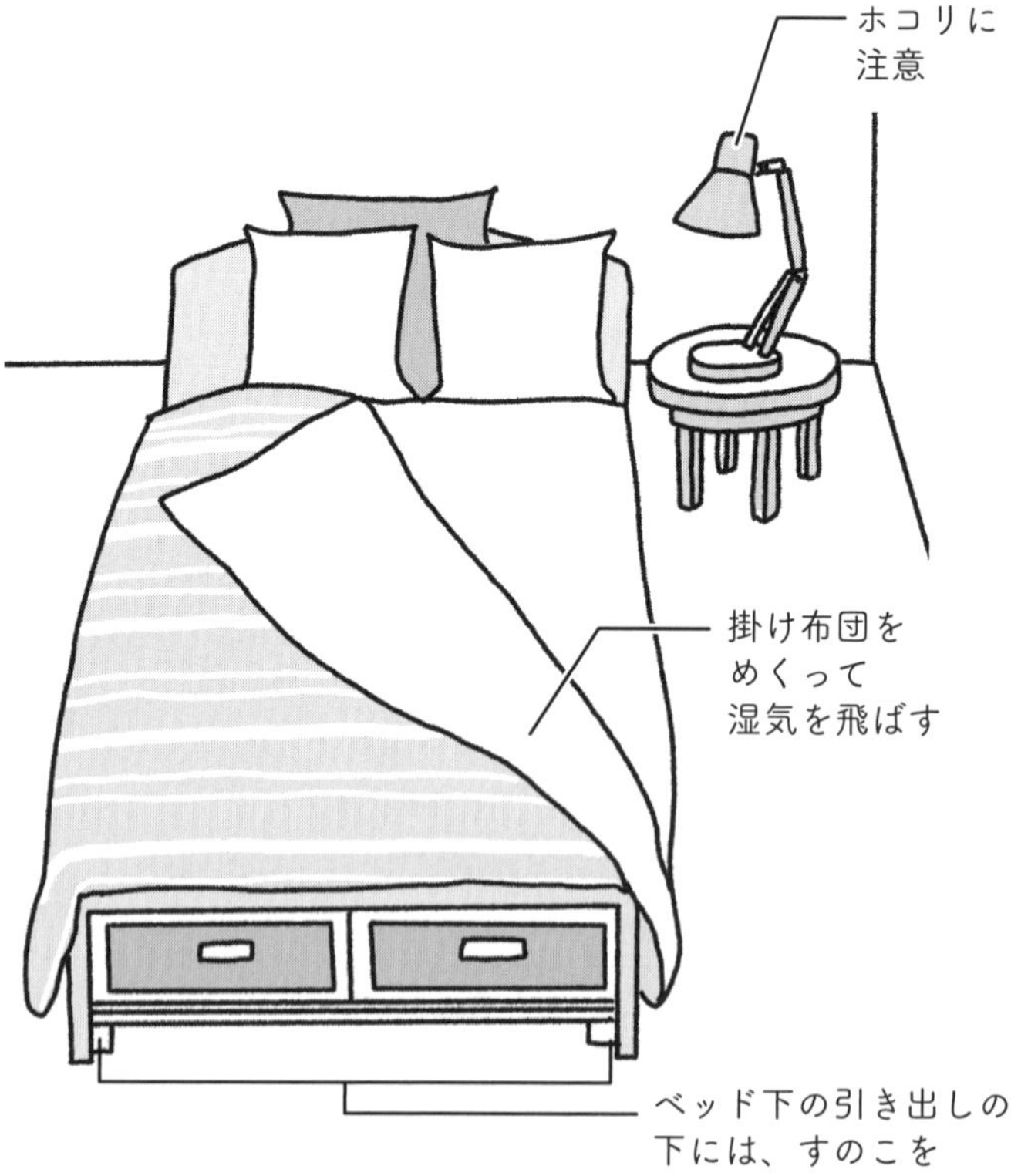
ホコリに
注意
掛け布団を
めくって
湿気を飛ばす
ベッド下の引き出しの
下には、すのこを

貯め上手さんになるには良質な睡眠も欠かせません。しっかり寝ると朝も早起きができて時間を有効に使える、イライラや疲れが取れて頭が働くようになる、ストレスもなくなって健康を損なわずにいられる。このように**良質な睡眠は、貯め上手さんであるための暮らし方によい影響を与えてくれる**からです。

そして、貯め上手さんは早寝です。ダラダラと夜を過ごさず、睡眠時間を重視します。置いてあるものが少なく、掃除も行き届いてスッキリとした清潔な寝室が理想。寝具にも気を配って、一日の疲れをリセットできるようにしましょう。

睡眠に関係のないものは置かない、床に直置きしない

寝室は眠るための部屋です。睡眠専用の空間にするためには静電気に付着するホコリを呼び込まないのが基本原則。たとえば仕事に関連するもの、タブレットやゲームなどは寝室からリビングなどに移動させましょう。就寝前の読書が習慣になっているなら、寝るとき用の本は数冊に留めて、他の本は本棚にしまいます。

洋室タイプの寝室の場合、収納はクローゼットだけというレイアウトが多く、そもそも雑多なものをしまうスペースがほとんどありません。いろいろなものを持ち込むと、置き場所やしまい場所がなく、最終的に床にモノがたまって散らかっていきやすくなります。ですから寝室は「睡眠のための部屋」と考えて、余計なものは持ち込まないようにすることが大切です。

ベッド下に引き出しを置くのであれば、キャスター付きのすのこを利用して、床に直接置くことは避けましょう。**寝室の大敵はホコリです。**寝ている間にホコリを吸い込まないよう、ホコリがたまる環境、掃除しづらい環境をつくらないことがいちばん。就寝中にホコリを吸い込んでしまいやすいため、枕元のライトやベッドヘッド、物置台のホコリはとくに気をつけて。

快適な寝具が快適な睡眠を呼ぶ

寝心地のいい寝具であることも、質のよい睡眠には不可欠です。寝具の汚れや傷みは、小さいため捨てどきを過ぎても使い続けていることがあります。ボーダーラインを決めておき、それを超えたら「眠りを妨げる」と考えて新しいものと取り換えましょう。

枕なら本体にシミができている、弾力がない、頭の形が戻らないものは替えどき。体の跡が残ってしまっているマット、羽毛や綿が偏ってしまった布団、シミやケバが目立ち肌触りのよくないシーツなども寿命です。**「もったいない」と使い続けずに定期的な取り換えを。**

また、寝汗による湿気を飛ばすため、起きたら掛け布団をめくっておくことも習慣にしましょう。

まとめ

質のよい睡眠は活力の源。暮らし方にも影響します

寝具の取り換えどきは？

寝具は定期的な見直しと投資が必要です。

■寝具の寿命

掛け布団は約5年、敷布団は約3年。
羽毛布団は5年に1回の仕立て直しやクリーニングを。

■マットレスの硬さ

買い替えるなら、腰部・骨盤が沈み込まない、立ち姿勢と同じゆるやかなカーブが保たれた状態で、仰向けに寝ることができるものを。
参考M社：シングル27,000〜33,000円
（3〜10年保証）

お金持ちPOINT ¥¥¥

貯め上手さんの子ども部屋の法則

子どもが片付けに参加できるしくみができている

オモチャは
大きめのボックスや
カゴに
子どもの服は小さく
たたんで浅めのケースに
使い捨ての
ハンディモップ
床のホコリ見つけ
ゲーム
ぬいぐるみと重曹を
入れて振ると
ホコリが取れる

子ども部屋が片付かないのは、子ども目線で片付けるしくみをつくってあげていないことが理由かもしれません。モノをしまう場所が高い、しまい方を細かく分け過ぎているなど、**子どもにとって使い勝手のよくない部屋になっていると、散らかり放題の部屋になっていきます。**

小学校低学年までの子どもの洋服やオモチャは基本的に親が管理していくとして、日々のモノの整理では子どもが自分で片付けられるシステムにしておいてあげましょう。散らかしていい場所とそうではない場所を決める、自分で片付けるものを決めるなどのルールをつくっておくことも大切です。

子どもがよく使うものは子どもの手の届く場所へ

散らかりやすいのが洋服やオモチャ、学用品など。洋服やオモチャの場合、現在進行形で使っているものは、基本的に子どもに管理を任せましょう。それには服が簡単にしまえる、オモチャがすぐに片付けられることが大事です。

背の低い衣類がけを用意して、服をそこにすぐかけられるようにする。洋服をしまうケースは浅めのものにして、すぐに見えて、すぐに取り出せるようにしておく。散らかりがちなオモチャは、大きめのボックスやカゴを用意して、放り込むだけで片付くようにする。このように、大まかなしくみを整えましょう。

また部屋を「オモチャを散らかして遊んでいいゾーン」と「勉強するためのゾーン」に大きく分けて、スペースの使い方もルールにしておくとよいでしょう。

オモチャや本などは遊びのゾーンに置いて、学用品は勉強のゾーンで使うようにし、遊びのゾーンと勉強のゾーンは敷物などで色分けしてあげると、子どももルールを守りやすくなります。リビングで勉強したり、遊んだりするときのために、必要なものを入れて持ち運べるカゴなども用意しておきましょう。

子どもと一緒に整理や掃除をすると片付けの練習にも

子どもは成長が早いため、オモチャも服も定期的に整理しないとどんどん増えていくことになります。年齢的にもう着られない、遊ばないとはっきりしているものは、譲る・リサイクルするなどして片付けていきましょう。

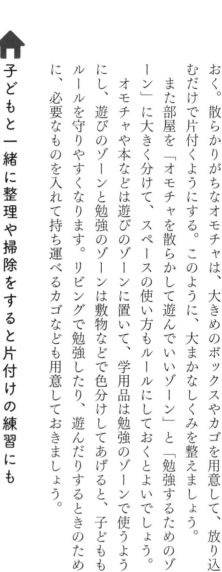

まとめ

子どものお城づくりは子どもの目線で考える

子どもの服を売ってお小遣い稼ぎに！

たとえば、小さくて着られなくなった子ども服を2〜3枚のセットにしたり、ワンピースとスパッツ、靴下をコーディネートしてセットで出品すると、ネットフリマで1,200円ほどで売ることができるなど、ちょっとしたお小遣い稼ぎにもなります。

親の管理で処分するのは3歳まで。その後は現在進行形の服やオモチャは子どもと一緒に整理を。「ひとつ捨てたら、ひとつ買う」もルールにして、子どもに選ばせると片付けの練習にもなります。貯め上手さんは、子どもがオモチャを大切に使うよう、数も制限したルールにしています。子ども部屋の掃除も子どもと一緒に行って掃除の仕方を教えましょう。ゴミはゴミ箱へ。ホコリと汚れを見つけたら、子どもに知らせ、ホコリ取りできれいにして、ビフォー・アフターを見せましょう。

お金持ちPOINT

貯め上手さんの時間の法則

考える時間をつくっているので ムダな時間を過ごさない

貯め上手さんは
ほしいもの・必要なものリスト
をつくっている

時間があれば
複数の
プランを
検討できる

必要なカードを吟味

時間の片付けとは、しなくていいことをするムダな時間をなくすということです。目的もなくショッピングセンターをブラつく時間（衝動買いのもと）、効率的ではないことで余計にかかってしまう時間、「今日の献立は何にしようか」と考えながら買い物する時間、それから大掃除にかかる時間、こうした小さなムダ時間が毎日を忙しくしてしまう要因にもなっているのです。

ムダな時間はムダ遣いのもと。時間を片付けると、貯め上手さんになれます。

スッキリした家は時間とお金の余裕をもたらす

毎日が忙しいと、片付けや掃除もできなくなっていきます。それがさらに時間のムダを増やすという悪循環につながります。**「片付けをする時間がなくてできない」「やろうと思っても続かない」といった片付けの悩みも、もとをたどればムダな時間がたくさんあることが原因なのです。**

また時間にゆとりがない毎日は、食費を増やしてしまうことにもつながります。食事をつくる時間がなくて宅配やお総菜を使う回数が増えたり、カップ麺や総菜パンを買うことが増えたり、献立を考える余裕もなくスーパーで行き当たりばったりの買い物をしたりすることが増えて、出費にもムダが多くなります。そうなると貯め上手さんへの道は遠のくばかりです。

これまで紹介してきた空間の片付けは、こうした時間のムダを減らすためのものでもあります。片付いて快適な暮らしができれば、時間もお金も優先順位がつけられるようになります。家の中に今あるものを把握できるようになるので、食材も日用品も服や雑貨などもムダ買いが減ります。新しく買うときも吟味して買うようになり、不要な出費もなくなります。

つまり、**これまで意識していないままムダにしていたお金も、時間のムダを減らすことで手元に残るようになっていくのです。**

時間のゆとりは「気持ちのゆとり」と「見直す余裕」を生む

やることに追われがちだった生活から解放されると、気持ちにゆとりがもてるようになり、考える時間や、見直しの時間が生まれ、お金を貯めるための前向き

まとめ

「一刻・千金」！　考える時間がある人はお金も貯まります

見直したい年会費・月会費のかかるもの

■クレジットカード	年会費	
■動画配信等	年会費	Amazon prime 4,900円
	月会費	Netflix 800～1,800円
■新聞購読料	月2,950円～4,900円	
■通信費	各種携帯電話会社	月額5,000円程度～
	格安SIM	月額1,500円程度
■子どもの習い事	1人1つ月謝5,000～10,000円程度	

※2019年8月現在

な行動ができるようになっていきます。本当にほしいモノ・必要なモノは何かを考えてリストにする。クレジットカードの枚数を見直して整理する。年会費のいるサービスを整理する。１週間の献立を考える。自分や家族の健康をどう守るか考える。健康維持に直結する歯科健診に定期的に通う。将来を予想してお金の仕分けを考える。ゴールとなる理想の暮らし方を決める。こうした見直し・プランづくりに向き合うこともできるようになっていきます。

時間片付け

お金持ちPOINT

貯め上手さんの時間の法則

片付けや掃除は気分がのっているときにやる

天気がよくて
気持ちがいいとき
習い事から
帰ってきた
とき
旅行の前に！

気分がのッているときは
片付けや掃除がはかどる！

片付けと掃除は一緒のものとして扱われることが多いのですが、片付けとは「片をつける」こと。つまりは始末をつけることです。いる・いらないの一線を引いて上手に手ばなしていくのが片付けで、掃除は清潔にしていくことを言います。

貯め上手さんになるには、大量より質のよい少量を大事にします。片付け名人になる必要はありません。「身の丈におさめる」と、ムダが見えてきます。**モノが片付いて、家の中に空きができてくると掃除は短時間で済みます。**

しかも、少しの掃除だけでそれほど時間はかけていないのに、家の中はいつも清潔。きれいな状態を保つことができるのです。こんなにラクで幸せなことはありません。

片付けの範囲を小さくして心の障壁を低くしよう

とはいえ片付けはある程度の時間がかかります。そこに掃除も加えると最短で半日はかかってしまいます。それを考えるとなかなか着手する気になれず、「忙しい」ことを理由にやらずじまいにもなりかねません。

そこで、最初の一歩を踏み出しやすいように工夫しましょう。気力や体力を考えたら、片付けと掃除にかけられる時間は2時間が限度です。その時間内で収まるように、片付ける場所を狭くします。「玄関」ではなく「靴箱の中」、「寝室」ではなく「ベッドまわり」、「キッチン」ではなく「食器棚」、あるいは「今日はリビングの引き出しの中だけ」というように範囲を小さくすると、片付けへの心の障壁も低くなります。

何かと組み合わせてルーティン化するのもお勧め

さらにルーティン化していく工夫も取り入れていきましょう。たとえば**月曜はツキがつく玄関、火曜は火まわり、水曜は水まわり　木曜は木まわり、金曜は金属まわりや金運のトイレ、土曜は外まわりと、曜日と関連づけるのもお勧め。**

また「買い物に行ったらやる」「好きな習い事から帰ってきたらやる」「旅行や遠出の前にやる」など、気分がのりそうな物事と組み合わせてルーティン化をス

まとめ

気持ちが上向いているときが片付けのチャンス

片付けの時間が減ると家でできること

■自分のために、ゆっくりとコーヒーを淹《い》れてくつろぐ
→1日約500円の節約

■きれいになった部屋に飾るものを手づくりする
→衝動買い約3,000～5,000円を防ぐ

■ある服だけで新しいコーディネートを考える
→バーゲンの服を買う約30,000円が浮く

タートさせるのも方法です。「ぐっすり眠って気持ちよく目覚めた」「天気がよくて気持ちいい」など、気分をよくして取りかかると段取りよく進みます。

そのようにして少しずつでもスペースが整っていくと、片付けへのモチベーションも高まってきます。

こうすることで不思議と物欲もなくなっていき、手元に残しているのは、お気に入りのものだけになるでしょう。この満足感が大切です。

お金持ちPOINT

貯め上手さんの時間の法則

外食は夜ではなく
昼の時間と決めている

昼の贅沢で、
心の栄養補給も必要

自分への
ごほうび
フランス料理の
ランチコース

家族や友達と楽しむ
高級お取り寄せ
食品やスイーツ

貯め上手さんと聞くと、細かな食費や光熱費にもムダがないように目を光らせて、シビアにお金を管理している人たちというイメージがあるかもしれません。たしかに貯め上手さんたちの生活には、ムダなモノ・コト・時間がほとんどなく、シンプルかつスッキリ暮らしています。

けれども必ずしもケチケチと節約をしているわけではないのです。むしろ反対に、かけるべきところにはちゃんと時間もお金も上手にかけています。では、どんなところに時間やお金を使っているのでしょうか？

共通するキーワードは「ちょっとした幸せを感じること」です。**貯め上手になるには、「幸せ感」もとても大事な要素になるのです。**

自分も家族も幸せでいられることを大切にしよう

「楽しい」や「幸せ」がなければ、お金を貯めることがつらくなります。ダイエットもそうですが、我慢してつらいダイエットをしても長続きしませんよね。場合によっては大きくリバウンドしてしまうことも。

暮らし方も同じです。ガムシャラに節約をがんばるだけでは途中で息切れしてしまい長続きせず、「これまでのストレス発散！」とばかりに散財に走ってしまう可能性があります。ケチケチするのは家族にも無理を強《し》いることになり、家庭の中がギスギスしてしまうことにもなりかねません。そうなると家族も幸せではなくなってしまいます。

家族が幸せである秘訣は、あなたが幸せであること。貯め上手さんたちは、そこにちゃんと時間もお金も使っています。

たまの息抜きの時間、ちょっとした贅沢もＯＫ

たとえば外食。**夜の外食は高い出費になってしまいますが、昼の時間帯であれば、いいお店のランチをそれほど高くない値段で楽しむことができます。**

最近はおひとりさま歓迎のお店も増えてきているので、「今月は少し奮発してもよさそう」というときは、プチ贅沢の優先順位や金額を決めて、ひとり時間を楽しむのもよいでしょう。おいしいランチで心の栄養補給ができれば、家族のためにまたがんばる気持ちも生まれます。

貯め上手さんのなかには、３カ月に一度、家族とレストランで休日ランチを楽しんでいるという人もいます。家を片付けて暮らし方を変え、そこで貯まったお金を家族との特別な時間に使うというのもステキです。

外食の代わりに、**お取り寄せを活用して、ちょっと贅沢に家族や友達と楽しむ時間をつくるのもよいですね。**笑顔でいるために、こうした時間の使い方も取り入れていきましょう。

まとめ

ケチケチだけでは息切れします。ときにはゆるめて！

ちょっと贅沢な外食　ランチとディナーの比較

	ランチ	ディナー
■フランス料理	約5,000円	約10,000円
■日本料理	約4,000円	約8,000円
■中国料理	約2,500円	約6,000円
■ホテルビュッフェ	約2,000円	約5,000円

同じ店でもランチのほうが断然お得！

お金持ちPOINT

時間片付け

貯め上手さんの時間の法則

休日の夕食は早い時間に食べている

ウイークデーは仕事、家事、子育てでいっぱいいっぱいになります。家族がまだ寝ている早朝の時間、1日が終わった夜の時間など、ホッとできる時間をつくっても、何かを考えるためのまとまった時間はなかなかもてません。

平日のリラックスタイムは、あくまでその日1日の予定を考えたり、1日の疲れを取ったりすることにあてて、週の始まりである日曜の夜の時間帯を有効に使い、生活の流れをつくっていきましょう。

夕食時間が決まっていると時間の使い方も決まる

休日は、出かけたり、家でダラダラ過ごしたりしているうちにあっという間に時間が過ぎてしまいます。夜の時間の使い方も、日中の過ごし方次第となっていきやすいもの。**「忙しい」が口グセになっている人は、休日の時間の使い方が行き当たりばったりになっていることが少なくありません。**

休みの日こそ、時間の使い方を見直して家の中のことを少しでも考える時間をつくるようにしましょう。時間のゆとりをもつためには夕食の時間を決めてしまうことが秘訣です。

ポイントは、休日だからこそ夕食時間を早めに設定すること。日中をどう過ごすかにかかわらず、夕食を6時などと決めておくと、それ以降の時間を有効に使うことができます。

日曜の夜は、月曜日からの1週間に備えてバタバタ過ごさないことが大切です。夕食を早めにすると、子どもを早く寝かせることもできるので、ゆっくりと過ごすことができるようになります。

大人が寝る時間も前倒しできるので夜更かしが減り、その分光熱費も少なくなります。**睡眠も十分とれるため、健康も守れて健康食品に頼ったり、病院を受診したりすることも減り、結果的に医療費の節約にもつながります。**

今後の予定を確認する、計画を立てる時間に使う

まとまった時間にやっておきたいことが計画や見直しの作業です。

たとえば次の1週間の家族の予定を確認しておく、献立を決める、買うものを

まとめ

時間を制する人はお金やモノのムダもなくせる

¥ 日曜夕方にお勧めの節約＆時短メニュー

■**ガパオライス**　ひき肉をピーマンや玉ねぎと一緒に炒め、ナンプラーを加えてひと味違う味に。（4人で600円程度）

■**野菜炒め丼**　余り野菜と薄切り肉を炒めてご飯にのせるだけ！（4人で400円程度）

■**市販の冷凍餃子・小龍包《しょうろんぽう》**
フライパンでささっとつくって自宅で飲《やむ》茶《ちゃ》気分。（4人で650円程度）

■**卵入りうどん**　ささっとつくれるし、汁ものは食べて満腹感が得られます。（4人で380円程度）

■**具だくさんトマトソースパスタ**
市販のトマトソースに炒めた野菜でボリュームアップ。（4人で380円程度）

決める。買い替えが必要なものを洗い出したり、予算を立てたりする。お金の使い方を振り返って、ムダがあれば「どうなくすか、減らすか」を考える。年間で必要になる出費を把握して、見通しを立てておく。こうした作業は、じっくり考える時間がないとできないことです。

貯め上手さんになるには計画的であることが欠かせません。時間の使い方を見直すと時間が上手に使えるようになり、お金の使い方やモノの持ち方を計画的に考えることが可能になります。

お金の片付け

お金持ちPOINT

貯め上手さんのお金の法則

家の資産を把握している

お金の管理では、ともすれば「出ていくお金を把握して、ムダな出費をいかに減らすか」を優先してスタートさせがち。もちろん、それらも必要不可欠ですが、その前に「我が家の金融資産」の洗い出しをきちんと行っておきましょう。

上手にお金を貯めていくには、まず全体像を把握することが大切になります。お金をどう使っていくかを考えるうえで、「我が家のお金の状態は、今どうなっているんだろう」ということをしっかりつかんでおかなければ、将来の計画を立てることも予算を立てることもできませんね。

より重要なのは「マイナス資産」がいくらあるかの把握

金融資産は、預貯金や生命保険などのプラスの資産だけでなく、ローンなどのマイナス資産もすべて「資産」として考えます。考えられる項目としては、預貯金・生命保険・株式・投資信託がプラス資産、銀行ローン、住宅ローン、車のローンなどがマイナス資産になります。

マイナス資産を明らかにしておくのは、プラス資産と相殺したときに、マイナス資産のほうが多い場合があるから。仮に貯蓄が500万円あったとしても、もし住宅ローンの残高が1500万円あれば、資産は1000万円のマイナスとなってしまいます。貯蓄を増やしていくこと以上に、少しでもマイナス資産を減らしていく。じつはこれも貯め上手さんになるために大事なことです。

とくに住宅ローンは大きなマイナス資産。これをいかに計画的に、早く返していけるかで老後資金も変わってきます。30代・40代の人であれば子どもの教育資金についても考えておかなくてはなりません。先のマネーライフプランについて見通しをつけておく意味で、現在の資産の状況を洗い出しておくことは重要なのです。資産の洗い出しは3カ月に1度、半年に1度など定期的に行いましょう。

何があるかがわかると全体の見直しもしやすくなる

資産の洗い出しを行ったら、それぞれに毎月いくら払っているのかも合わせて把握しておきます。たとえば生命保険は、共済タイプのものであれば1万円かからず、それなりの保障がついた保険に加入できます。生命保険料に2〜3万円か

まとめ

お金の片付けを考えていくには全体資産の把握から

日本人の約３人に１人は貯蓄ゼロ！

金融広報中央委員会が1963年から行っている「家計の金融行動に関する世論調査」によると、金融資産（預貯金・積立保険・個人年金・債券・株式・投資信託）を「保有していない」、貯蓄ゼロ世帯（２人以上世帯）は1987年の3.3％から2017年には31.2％になり、ここ30年間で上昇しています。
貯蓄できた人も、手取り収入から10％以上できている人の割合は減っているそうです。

かっているとしたら見直しを。車についても本当に必要かどうかをよく考えてみましょう。使う頻度によってはカーシェアを利用する方法もあります。

今は物価が上がっていますが手取り給与が減っています。そんなときは借金を減らして現金を増やすことが先決。慣れない人が無理に投資で増やすこともお勧めしません。もし無理して投資信託に回しているお金があるなら、それを少し減らして預貯金を増やすといった見直しもしていきましょう。

貯め上手さんのお金の法則

クレジットカードや 電子マネーを見直している

クレジットカードは
支出額が決まっている公共料金
などに

OOO
pay
電子マネーは
自動チャージ
できない
ものにしよう

クレジットカードは何枚持っていますか？　単体のカード枚数は1〜2枚であっても、クレジット機能が付いているものはクレジットカードとしてカウントして枚数を確認してみましょう。クレジット機能付きまで含めると、意外にも枚数が多くてびっくりということがあります。

とくにデパートが発行しているカードは、加入時に「大きな買い物をするから」と考えて気軽にクレジット機能を付けてしまうことも。それによって年会費が発生するケースもあり、そのデパートでほとんど買い物をしなくなっても年会費だけ毎年取られる、といったムダにつながっている場合があります。

使うカードは厳選して枚数を絞り、集中して使う

クレジットカードは、機能付きのものも含めて数を絞るほうが効率的。もしスーパー系やデパート系、家電量販店のカードを持つなら、買い物する店舗を決めてしまい、そこ以外のカードは持たないようにしましょう。このほうが集中して使うことができるので、ポイントやマイルも効率的に貯められます。

また、交通系ICカード、ETCカードとしての機能付きのカードを1枚持てば、いろいろな種類を持たずにひとまとめにすることもできます。我が家ではどんなときに、どんなカードがあると便利か、どんなカードが必要かをしっかり考えて、持つカードを厳選していくこともお金の片付けのひとつです。

キャッシュレスを考えるなら、現金チャージを前提にして電子マネーとしても使えるICカードを持つ、使える範囲の広い共通ポイントカードを1枚だけ持つというのもよいでしょう。

支出額が決まっている公共料金などをカード払いにする方法も

なかにはポイントやマイルを貯めることが目的でクレジットカードを使う方もいますが、それを目当てに日用品もカードで、というのはお勧めできません。

スーパーやコンビニでクレジットカードを使えるところは増えているものの、ポイント目当てに日用品や食品などもカード払いにするような買い方は出費を増やしてしまいかねないからです。カードで使う金額は現金で使うときの2割増しになるとも言われています。やり繰りの観点から考えると、買い物は現金を基本に。大きなものの買い替えもお金を貯めて買うのが基本です。もしカードを使うなら一括払いを守り、手数料が発生する分割払い・リボルビング払いは避けて。

もし「ポイントも貯めたい」ということであれば、光熱費や保険料、新聞代、通信費などを口座引き落としからカード払いに変更する方法もあります。ひと月の出費が大体決まっているものをカード払いにすれば管理しやすく、効率的にポイントを貯められます。

まとめ

枚数を絞って集中して使うからこそカードのメリットは生きる

かしこい電子マネーの使い方

クレジットカードや電子マネーは「見えないお金」なので、つい使いすぎてしまうことも。
電子マネーの使いすぎを防ぐには、予算以上に使えないよう、自動でチャージされる方法はやめ、予算の範囲内でチャージするようにしましょう。

お金持ちPOINT

貯め上手さんのお金の法則

用途別に生活費を整理している

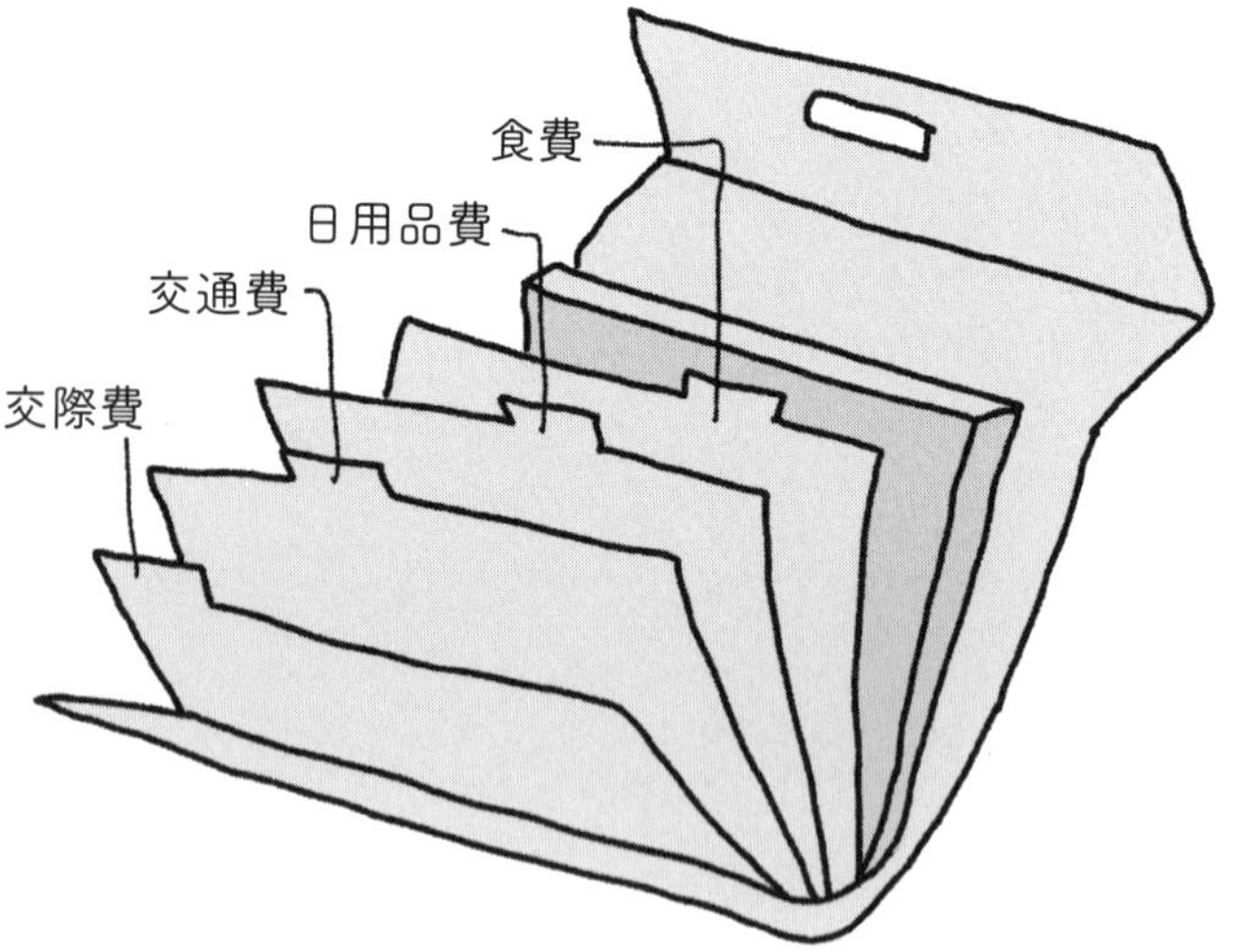

現金は
中身がしっかり見えて劣化しにくい素材の
ケースに小分けして、用途別に管理しよう

貯め上手さんたちの家計のやり繰りは、必ず用途別の管理になっています。口座引き落としにしているもの以外、**現金での管理が必要な費用は、あらかじめ項目別に金額を分けてしまう**のが共通のスタイルです。

現金の場合、仕分けをしていないと計画的に使うことができず、月末になるといつもお金が足りなくなる、という事態になりがちです。逆に、使える金額が決まっていれば、そのなかでやり繰りをする習慣がついていきます。

「我が家の出費」をちゃんと把握する

用途別にお金を管理していくためには、何よりもまず「何にいくら」使っているかを知ることから始める必要があります。

「そんなに使っているつもりはないのに、お金がなかなか残らない」という場合、お金を計画的に使えていないことが原因。使っているつもりはなくても、実際はスーパーで安売りしていたから買う、「これぐらいなら」とコンビニで飲み物やお菓子を買うといった小さな出費が増えていることが少なくないのです。

まずはひと月の支出をすべて紙に書き出してみましょう。口座引き落としにしているものは通帳から支出を書き出していきます。食費、日用品費、交際費、娯楽費など増減のあるものは、レシートを取っておいて、1カ月だけ「何にいくら使ったか」を記録してみます。すると我が家の支出傾向が明らかになります。最近では、レシートを撮影するだけで家計簿をつけるアプリもあります。

生活費は蛇腹タイプのファイルで管理

この時点で、食費に7万円もかかっている、通信費の負担が大きい、交際費や娯楽費で結構使っているなどの見直しポイントもわかるはずです。そこで「これは削れる」と思うものは支出を減らす工夫をします。**電気代はアンペアを下げたり、電気とガスをまとめたりする、通信費は格安スマホに切り替える、保険を見直すなどをしてみてください。**食費も「4万円でとりあえずやってみる」と決めてしまいます。ムダを減らすと貯金に回せる分も出てきます。これまで貯金ができていなかったら、無理のない金額で自動積立て預金を始めてみては。

口座引き落とし分を除いた金額は、生活費として口座から引き出し、現金で管理します。仕分け用の入れ物は「お金を大事にする」意味で、中身が見えず使ううちに朽《く》ちていく紙の封筒ではなく、中身がしっかり見えて劣化しにくい素材のものを使いましょう。蛇腹《じゃばら》タイプのものなら、小分け可能で、一括管理ができるのでお勧めです。お金は、目で見て管理できることがいちばんです。残金がパッと見えて、どう使われているかが見届けられる状態にしておくことは、お金を大事にすることにもつながります。

まとめ

大事にしてくれる人のところにお金は集まってくる

￥ 電気代は、アンペアを下げて月額基本料金をお得に

10アンペア	286円00銭
15アンペア	429円00銭
20アンペア	572円00銭
30アンペア	858円00銭
40アンペア	1,144円00銭
50アンペア	1,430円00銭
60アンペア	1,716円00銭

（東京電力の従量電灯B　2019年11月分以降の単価）

また、電力会社を変えると電気代が
年間平均18,000円 安くなることも。

貯め上手さんのお金の法則

財布の中が片付いている

財布の中には
現金とキャッシュカード、クレジットカードのみ
がベスト

財布を大事に使っている人は、お金を大事にしている人です。財布の中には、現金をはじめ、銀行のキャッシュカード、クレジットカード、ポイントカード、レシートや領収書と、家計を管理するために欠かせないアイテムが揃っています。

財布の中が整理できているということは、家計の管理もちゃんとできているということ。反対に、レシートやクーポン、小銭、夥《おびただ》しい数のポイントカードなどでパンパンの「おデブ財布」になっているということは、お金の管理にも無頓着である証拠です。整理されていない財布を持っていると、お金はどんどん逃げていくので気をつけてください。

持つならやっぱり二つ折り財布より長財布

持ちたい財布のタイプには好みもありますよね。「バッグに収まりやすいし、コンパクトなほうが持ちやすいから二つ折りタイプがいい」、「カードなどの収納枚数が多くて、すぐにお金が取り出せるから長財布がいい」など、重視する使い勝手も人によってそれぞれでしょう。

二つ折り財布にもよさはありますが、普段使いとして持つのであれば長財布をお勧めします。長財布は、紙幣を折ることなく、きれいな状態のまま持ち運ぶことができます。これはお金にとって居心地のいい、理想的な空間です。お金の神様も喜びます。また長財布は中を整理整頓しやすく、開くだけで残金が一目瞭《いちもくりょう》然《ぜん》なので財布の中をすぐに把握できます。二つ折りの財布をきれいに使うことも決して悪くはないのですが、この2点を考えると長財布がベターです。

不要なものはその日のうちに財布から出そう

貯め上手さんになるために大事なことは、財布の中が整理整頓されているということです。先ほども触れたように、いらないものでパンパンになっている状態はすぐにでも改善しましょう。

財布の中に入っていていいものは現金とキャッシュカード、クレジットカードです。ポイントカードは、日常的に使う店のものだけ残し、あとはカードケースなどを用意して別に保管を。レシートや領収書はその日のうちに財布から出し、ため込まないようにします。

　小銭のスペースもまめにチェックして増え過ぎないように枚数を管理しましょう。硬貨ごとに入れておく枚数を決めておくと小銭でパンパンになりません。お札も1万円札をいちばん奥にして金種を揃えてしまいます。こうすると残金が確認しやすくなります。お金の一時的な棲《す》みかであることを考えたら、週に一度は中と外を拭いて、財布自体をきれいにしておくことも忘れずに。

まとめ

財布を居心地よくしておくとお金の神様は逃げない

¥ 財布の買い替え時期は？

- ■誕生日
- ■年始
- ■春の時期

以上のようなタイミングで、3年に1回買い替える人が多いようです。その他、汚れが目立ってきた、膨れてくたびれてきたと感じるようになったら、新調しましょう。

お金持ちPOINT

貯め上手さんのお金の法則

ついでに
小銭貯金をしている

貯蓄は、「ムリなく、でも着実に」が基本原則です。

そこで必ずしておきたいのが先取り貯蓄。出費の見直しをしたら、生活費のなかでいくらを貯蓄に回すか決めて、収入が入ったときに真っ先に貯蓄口座に移しておきます。確実に入金できるように、給与振込口座からの自動積立てにしておくとよいでしょう。

積立額は家庭の状況によって変わりますが、凄腕の貯め上手さんたちになると、手取り月収35万円前後で月8～10万円を貯蓄している人たちもいます。空間や時間やお金の習慣を変えると、それも決して不可能ではないのです。

先取り貯蓄と残し貯め、つもり貯金で貯めていく

凄腕貯め上手さんたちの貯蓄方法では、先取り貯蓄と残し貯めが二本柱。生活費を費用別に仕分けし、少し余裕を持たせて予算を設定しておいて、やり繰りで余った分を貯蓄に回すというのが残し貯めです。月によって貯蓄額は変化しますが、上手に貯めていくことを考えたら、ぜひとも取り入れていきたい方法です。

また「まとめ払い」と「つもり貯金」の合わせワザで貯金を増やす方法もあります。たとえば生命保険、自動車保険などの保険料、ＮＨＫ受信料や通学定期券を年払いやまとめ払いに変えると、月払いで払うより総支払い額は安くなります。**年払い用の専用口座をつくって、そこに月払いしているつもりで、それぞれの月額分を「つもり貯金」していくと、1年後には差額分がそのまま貯蓄として残ります。**最初だけ口座に年払い分を入れておく必要はありますが、確実に貯金できるので、無理のない範囲で貯金やボーナスをあてるとよいでしょう。現在、月で払っているもののなかにも「まとめ払い」のほうが安くなるものがあるかもしれませんので、一度調べてみるといいですね。

余った小銭も専用口座で貯めていこう

もうひとつ、ぜひとも取り入れるとよいのが小銭貯金です。お財布の中の小銭を整理したら、残りの小銭を貯金に回します。わざわざ５００円玉貯金などを始めなくても、散歩や買い物のついでに余った小銭をＡＴＭで貯金していくように

まとめ

小さなお金も積もり積もれば大金になる

¥ ゆうちょ ATMで小銭貯金をする注意点

■硬貨を入金できるATMは郵便局設置のもの
（コンビニ、ショッピングモールのものは対象外）

■一度に預け入れできるのは100枚まで

■硬貨を入金できる時間帯に注意
（店舗・出張所によって異なるので注意）

なお、1,000円以下の金額を硬貨で引き出すこともできます。

※2019年8月現在

するだけでＯＫ。１回の貯金額はそれほどでなくとも貯まれば結構な額になります。このついでの小銭貯金で１年間に５万円以上貯めた貯め上手さんもいます。

小銭貯金は自分の好きなことにも使え、弔事のような急を要する不測の事態が起こったときのための備えにもなります。全国にある「ゆうちょ銀行」に口座をつくっておくと、旅行や出張先でも小銭貯金が可能。ただし硬貨投入口がついていないＡＴＭもあるので注意してください。

お金の片付け

お金持ちPOINT

貯め上手さんのお金の法則

家族でお金の流れを共有している

家計に関することは、家族の協力なくしてうまく進まないものです。片付けすべてに共通しますが、お金の片付けも夫や子どもが自分事として参加できるよう、「参加意識」をもってもらうことが大切です。自分は一生懸命やり繰りをしているのに、家族に買い物を任せると好き勝手にほしいものを買ってくる……。そうなるとやり繰りも水の泡。不満もたまり、「なんでこんなものを買ってくるの！」と文句が増えて家族との関係もよくなくなります。

反対に、家族にも家のお金のことが伝わっていれば、節約に協力してくれたり、自分の分はすべてお小遣いのなかでやり繰りしてくれたりするようになります。だから、家の中のお金の流れはオープンにしておいたほうがよいのです。

お金について家族間の風通しをよくしておこう

貯め上手さんの家では、家族と毎月の家計を共有しているところがほとんどです。「今月はこれだけ貯まった」「今月はここがちょっと使い過ぎたかも」「来月は、これのためのお金が必要になりそう」など、月の収支や来月の予定などを伝えて、家のお金について情報を共有しています。

お金について家族間の風通しをよくしておくと、お金の使い方にも気をつけてくれるようになりますし、複雑な割引プランのなかでベストプランを調べてくれたり、大きな買い物や旅行に関してあれこれ調べてくれたり、夫や子どもが進んでさまざまなサービスや商品選びを買って出てくれたりもします。夫や子どもに任せてしまったほうが自分で調べるよりも節約になるという場合は少なくありません。困ったときの相談もしやすくなります。

将来の目標や方向性を共有する話し合いをもとう

また日頃からの夫との情報共有は、将来のお金をどうするかを決めていく際にも不可欠です。「子どもの教育資金はどうする？」「住宅ローンはどうする？」「老後資金はどうやって準備していこうか」など、将来必要となるお金に関しては、夫婦二人三脚で考えておきたいもの。我が家のお金の流れが共有できていると、話し合いもスムーズにできますね。目標や方向性を共有できれば、何らかのピンチやトラブルがあったときも家族で協力して乗り越えていくことができるでしょう。

心と懐《ふところ》に余裕のある時期は、お金について話し合うよいタイミングです。

給料日は、前月の報告と翌月の予定を話し合い、日頃の家計の共有の場に。大きな計画に関しては、年２回のボーナス月を利用して半年の計画を話し合っておく、あるいはお正月に今年１年の目標やお金の使い方を話し合っておくようにするとよいでしょう。

まとめ

給料日は、夫婦で家計の戦略会議を

お金が貯まる家計の目安

■固定費　　45%

（住居費・通信費・生命保険料・教育費・小遣い・ローンの支払い・車両保険料・新聞購読費等）

■流動費　　約35%

（食費、水道・光熱費、ガソリン代、日用品代、医療費、交通費、服飾費、交際費、娯楽費、美容・化粧品代）

■貯蓄　　20%

※固定資産税、入学金等特別な一時払い金を除く

家計がオープンな家はお金もどんどん貯まっていく

COLUMN

100円ショップとの付き合い方

生活に必要なあらゆるものが100円で手に入る100円ショップ。一見すると貯め上手さんになるためのお助けアイテムが揃っているお店だと感じますが、100円ショップでの買い物はお勧めしません。「安い」ということに意識がいって、必要かどうかの判断がにぶりがちになるからです。「安いから」というだけで利用すると、結局は「安物買いの銭失い」となりがちです。

とくに「動かして使うもの」は長持ちしにくく、衝動買いしやすいものです。スポンジ、文房具、ノート、お玉などは「動かすもの」です。100円ショップを上手に使うなら、「動かさないもの」に絞って買いましょう。トレーや小物をしまうケースのように置いて使うものは「動かさないもの」。引き出しの中の仕分けトレー、洗面所やキッチンで使う小物トレーなどは100円ショップで購入してもOKです。

PART 2

夏と冬で40万円得する！貯め上手さんの賢い片付けの法則

夏や冬はボーナスやお年玉といった臨時収入があり、お盆休みやクリスマス、お正月などのレジャーやイベントが盛りだくさん。意識しないと気が大きくなって散財をしてしまいがちです。でも貯め上手さんはここでもぬかりありません。お金に大きく差がつくポイントを確認していきましょう。

お金持ちPOINT

貯め上手さんのボーナスの法則

事前に使い道を決めている

計画を立てると楽しみも増します！

ボーナスで家電の買い替えや車の購入といった大きな買い物、スーツやコートといった高額な洋服の購入、帰省のための交通費やお土産代、家族旅行の費用などを賄《まかな》おうと考えているご家庭は結構あります。なかには車の税金や保険料、車検代もボーナスでという方もいるかもしれませんね。

貯め上手になるには、大きなお金が入ってくるボーナスをどう使うかも考えていく必要があります。大きく貯蓄を増やそうと思ったら、ボーナスは絶好のチャンス。少しでも貯金に回すことを考えたいものです。それにはボーナス頼みになっているお金の使い方を見直していくことも大事です。

年1回発生する大きな支出はなるべく月の家計でカバー

ボーナスは景気の影響を大きく受けます。景気が悪化すれば支給額が減らされたり、場合によっては支給されないことだってありえます。とくにこれからはボーナスがあてにならない時代がやってきます。そのことも念頭において、ボーナスの使い方を考えておきましょう。

たとえば帰省のための費用、車の税金・保険料・車検代、固定資産税、高額な洋服の買い替え費用など、年に1回または数回の頻度で発生する支出は、「特別出費」として専用口座をつくり、月の家計から少しずつ取り分けておくというのがボーナス貯金を増やすための基本です。むずかしいようなら、額を決めてボーナスのなかから回すというのもありですが、ボーナスの使い方の理想は全額貯蓄に回すこと。そこを目指して月の支出を含め、家計全体を考えていくようにしましょう。とにかく少しでも多くボーナスから貯金に回すことを意識してください。目安としては半額以上は貯金すると決めておくとよいでしょう。

ボーナスの使い道は早めに決めて、早めに準備

貯め上手さんたちも、ボーナスのほとんどは貯金に回しています。そもそも暮らし方が丁寧になっていると、ボーナス頼みで何かをするということも少なくなっていきます。また貯金以外の使い方にしても、事前に何にいくら使うかを家族としっかり計画して、行き当たりばったりで決めることはしていません。

まとめ

理想は全額貯金。むずかしくても半分以上は貯金に回そう

ボーナスの使い道

日本生命「夏のボーナス」に関するアンケート調査（2019年６月）によると、回答者数5,158名中、53.9％がボーナスを貯蓄・資産形成に回すと回答。さらに、「ボーナス全額の何割を、貯蓄・資産形成に回すか」については、「4〜6割」が23.9 ％、「1〜2割」が22.4％、「2〜4割」20.9％、なかには「10割（全額）」と答えた人も11.0％いました。

たとえば「今年は家電の買い替えをする」「パパのスーツを新調する」「3年ぶりに家族で海外旅行に行く」といった使い道を決め、そのための準備も早めに進めていたりします。**計画しておけば、必要な予算を除いた額を貯金に回せます。**支給されたらすぐに貯蓄用口座に移しておくこともできます。

また、ぜひ見直したほうがよい習慣はクレジットカードの「ボーナス払い」。この習慣が当たり前になっていると、お金は貯まらないので気をつけましょう。

貯め上手さんの大型レジャーの法則

レジャーは混雑時を避ける

大型連休となるゴールデンウイーク、お盆休み、年末年始は、どこへ行くにも混雑します。しかもサービス側にとって稼ぎどきとなるオンシーズンの旅行や外出にかかる費用は、通常料金より割り増しになっているケースがほとんど。泊まるにしても、乗り物を使うにしても、人が多くて支出も増える時期に、わざわざ出かけることはありません。

貯め上手さんたちは、たまの楽しみであるレジャーにもいろいろな工夫をしています。**日頃から割引情報などに敏感になっておくだけでも、レジャーの際の出費は結構減らせるものなのです。**

宿泊費を抑えるにはオフシーズンがいちばん

たとえば国内外の家族旅行。混雑シーズンを少し外すだけでも、旅行代金は変わってきます。旅行にかかる大きな費用は「宿泊費」「交通費」「飲食代」の3つ。このうち最も高い出費になりがちな宿泊費は、レジャーシーズンを避けることで料金を抑えることができます。

パック旅行もシーズンを外すほうがお得な商品を探しやすくなります。オンシーズンにファミリー向けの旅行パック商品を販売している旅行会社は増えていますが、閑散期のほうがもっと安いパック商品を見つけられる可能性もあるのです。

またホテルではなく、ペンションやロッジ、オートキャンプ場を利用するという方法も。ホテルより宿泊費がうんと安くなるほか、オフシーズンだからこその特典やサービスを提供しているところも少なくありません。

早めにレジャーを計画すると交通費もお得に

早めの準備がよいのは、交通費も安く抑えられるからです。「この時期しか親戚が集まれないから」「みんなでお墓参りに行くから」といった理由で、どうしてもお盆や年末年始に帰省が必要な場合も、早めに動くことで交通費を安くできる可能性があります。

たとえば利用できる時間帯やエリア、キャンセル不可などの制約は付くもの

まとめ

時期を少しずらすだけで出費は大きく変わる

安いシーズンをあらかじめ知ってから計画を

■旅行者数が少ないオフシーズン
1・4・5・11月
※4・5月はGWを除く

■旅行料金が最も安いシーズン
1・2・11月
※1月は正月シーズンを除く

■アミューズメントパークへの旅行
梅雨シーズンの料金は下がる傾向
（土日を除く）

の、飛行機や新幹線には早割りチケットといったサービスがあります。こうしたものを利用するだけで交通費はかなり割安になります。

また鉄道会社には乗車運賃を安くできるサービス商品が用意されているので、いろいろ組み合わせて使うこともできます。旅行会社の店頭にも、思わぬお得なプランのチラシが置いてあることがあります。「今年は家族旅行に行く」と決めたら、ネットや店頭で早めに情報を集めておきましょう。

お金持ちPOINT

貯め上手さんのお出かけの法則

テントとお弁当を持って近所でキャンプ気分を楽しむ

家にあるもの・身近な場所でレジャーな気分

どこかに遠出をしたり、旅行したりすることだけが「レジャー」ではありません。身近なところでも、ちょっとした「非日常」を楽しみながら、お金をかけずに遊ぶ方法は結構あります。

遊び方を工夫すると、ボーナスから大きな遊興費を使わなくても、満足した時間を過ごすことができるもの。貯め上手さんたちの遊び方も、身近なところで幸せ感を味わいながら、家族全員が喜ぶ方法を取り入れています。お金を使わなくてもレジャー気分が楽しめる遊び方を考えてみましょう。

身近にある遊び場、家の中で楽しむ方法を見つけよう

貯め上手さんたちの遊び場の定番は公園です。公園も遊びにちょっとした工夫をすれば、1日遊べるスポットになります。

たとえば公園めぐり。都市部であっても、探すと大小合わせてさまざまな公園があります。飲み物とお弁当、手づくりお菓子、砂遊びセットや縄跳びといった遊び道具を用意して、いくつかの公園をはしごしてみましょう。自転車を使え

ば、結構広範囲にいろいろな公園を回ることができます。

遊具もそれぞれの公園で用意されているものが違うので、複数の公園をめぐって遊具で遊ぶだけでもかなり楽しめます。ファミリー向けの大型公園にはアスレチック遊具が設置されていることも。大人も一緒に遊ぶと運動不足解消になり、健康にもよい影響を及ぼして、医療費を減らすことにもつながります。

公園で半日または1日遊んだら、家に帰ってきて早めのお風呂を。**日の高いうちに入るお風呂は、ちょっとしたレジャー気分を味わえます。**あわただしい時間帯に入るより、温泉気分でのんびりゆっくりできるので、早めの夕風呂や昼風呂はお勧めです。風呂上がりに、常備しているアイスクリームを子どもと楽しむのもいいですね。

家にあるものを活用して楽しく遊ぶ工夫を

大きな公園や近くの川辺に、テントとお弁当持参で出かけるというのも楽しいものです。テントを張って、その中でご飯を食べるだけでキャンプ気分が味わえ

まとめ

近所の公園や川辺も、少しの工夫でレジャーランドになる

¥ テントなどのアウトドア用品は必須アイテム

テントはレジャーや災害時、子どもの運動会などで大活躍。一家にひとつ持っていて損はありません。

参考

C社	ドーム型テント	2人用	14,000円
		5人用	18,000円
L社	ルームハウス	5人用	32,000～42,000円
家庭用バーベキューセット		6～8人用	6,800円

ます。もし押し入れで眠っているキャンプセットがあれば、こんな方法で活用してあげるのもモノをムダにしない方法です。野菜やウインナーを用意して、自宅の駐車場でバーベキューというのも楽しいですね。

冷凍しておいた食材などを使ってお弁当を用意すると冷蔵庫内の整理にもなります。お菓子を持っていくときは、袋に入れてリボンやマスキングテープでラッピングしていくだけで気分が盛り上がります。「非日常」をテーマに遊び方を工夫してみてください。

お金持ちPOINT

貯め上手さんの大きな買い物の法則

家電買い替えの
ベストな時期を知っている

ボーナスシーズンは、ボーナスの支給を待って家電の買い替えを検討している人たちに向けたセールが展開されています。でも、この時期のセールを狙って、家電を新しくするのはちょっと待ちましょう。というのも、もっと安く買える時期があるからです。

買い替えるのであれば、大幅に値引きされる時期を待って買うのが得策です。

シーズンセールで買うより「型落ち」のほうが安い

家電は、新商品として売り出された当初が最も高くなります。**メーカーが新型モデルを売り出すのは、夏と冬のボーナス期を狙った5月から6月、10月から12月の2回に集中しています。**

新型モデルが発売されると、それまでのモデルは旧型となります。旧型となったモデルは「型落ち」と呼ばれ、早く売り切って新型モデルを並べたい販売店側が大幅な値引き販売を行うのです。

買い替えるなら、この時期がいちばん。「型落ち」といっても、機能や性能は新型モデルと大きくは変わりません。新型モデルの機能や性能が本当に必要かを考えた場合、多くは「型落ち」製品で十分となるでしょう。

もうひとつ、メーカーや販売店が決算を迎える時期も値引き率が高くなります。決算期を迎えるのは3月末もしくは9月末です。この時期の少し前は、在庫製品を売り切って当期の売上げを伸ばそうと、やはり大幅な値引きセールが展開されたり、値引き交渉がしやすくなったりします。

同様に**車も、メーカーの決算期である3月または9月前に安くなる傾向があります。**ディーラーが販売台数を増やそうと、通常より大幅な値引きをすることがあるからです。

我が家に必要な機能・性能を吟味して賢く買う

家電や車は大幅に値が下がる時期を見定めて買うのが賢い買い方です。ボーナスが出るのを待って買うのではなく、前のボーナスや月の家計から計画的に貯めておき、それを使って新型モデルと切り替わるタイミングや決算期に買い替えま

まとめ

買い替えの狙い目は新製品が出る時期の「型落ち」製品と決算期前！

値引き交渉しやすい家電

■冷蔵庫・洗濯機・エアコン・テレビ

10万円を超える高額商品が多いので、値引き交渉できる金額が大きくなる可能性が。
【展示品処分】【在庫限り】【現品限り】【生産完了品】というキーワードに着目し、家電量販店で交渉しましょう。
新製品発売の2カ月前頃からボーナス・決算期前などが狙い目。

しょう。

同じように「型落ち」となった製品でも、メーカーや機能・性能の違いで価格は変わってきます。検討する際は「その性能や機能は本当に必要か？」を吟味しましょう。多機能が売りであっても、ほとんどの機能は我が家に必要ないかもしれません。**多機能でかっこいい15万円の製品より、シンプルで実用的な8万円のほうがよいとなれば、7万円の差額が生じます。**「15万円のものを買ったつもり」でその7万円を貯金できます。

お金持ちPOINT

貯め上手さんのクーポンの法則

年間パスを活用している

無料サービスや割引サービスを使いこなして出かけたり、遊んだりすることは貯め上手さんたちの定番テクニックです。企業の工場見学や農場体験は、人気スポット。早めに予約すれば、無料で大人も楽しめます。しかもお土産付き。遊園地やレジャー施設には割引率の高い年間パスポートが用意されていますし、電車やバスも安い料金で「1日乗り放題」のサービスを提供しています。ネットサイトやスマホアプリには、クーポンや年間パスで遊べるスポットを紹介しているサービスサイトもあります。そうした情報サイトをどんどん活用して、お金を使わない遊び方を取り入れていきましょう。交通費をかけず、出かける先も無料パスで、という工夫をしていくと、満足感を味わいながら楽しい時間が過ごせます。

交通会社にはどこも1日乗車券が用意されている

移動の交通費を安くするには、「1日乗車券」や「1日フリーパス」といった交通サービスがお得です。たとえばバスの場合、交通系ICカードに情報を書き込むだけで、何度でも乗り降りできる割安の1日乗車ができるサービスがあります。ＩＣカードへの書き込みは車内でできるので事前購入も必要ありません。

ＩＣカードの利用では大人用カードのほか子ども用カードも必要となるので、それは不要という場合は、磁気券の「１日乗車券」を買ってもよいでしょう。どのバス会社にも１日乗車サービスがあります。

また電車にもＪＲ、地下鉄、私鉄を問わず、同一路線を何度でも乗り降りできる１日乗車券が用意されています。いろいろなところを回るなら、通常料金よりもかなり割安な１日乗車券を使うのも方法です。

お勧めは天候気候に関係ない水族館の年間パスポート

出かける先も、専用情報サイトで割引サービスや割引クーポンの情報を調べて上手に選びましょう。よく出かける先を決めて年間パスポートを買っておくのも手です。**とくにお勧めなのは水族館の年間パスポートです。屋内部分が多いので、天候にも左右されず、夏は涼しく、冬は暖かい環境のなかで１日中過ごすことができます。**どの水族館も、年間で3回出かければもとが取れるような価格設定になっているのでかなり割安です。

　また図書館や自治体が開催している無料イベント、自治会の子どもまつりなどもお勧めです。ショッピングモールなどでも、無料の親子向け参加型イベントが催されていたりするので、そうした情報を調べて出かけてみるのもよいですね。自治体が開催するものはホームページで調べられますし、出張所でもさまざまなイベント情報が提供されています。探すといろいろな情報が手に入るので、上手に活用しましょう。

まとめ

貯め上手になるならお得に遊べるサービスを使いこなそう

¥ 水族館の年間フリーパスはお勧め

	一般	小学生
葛西臨海水族園	700円	無料
→年間パスポート	2,800円（4回以上でお得）	
海遊館	2,300円	1,200円
→年間パスポート	一般	5,000円
	小中学生	2,000円
	（大人は3回以上、子どもは2回以上でお得）	

サンシャイン水族館の年間パスポート（大人4,400円　小中学生2,400円）はサンシャインシティ内の買い物や食事でも割引や特典があってお得です。

※2019年7月現在

貯め上手さんの大掃除の法則

大掃除は夏にしている

最近注目されるようになってきましたが、**大掃除に最も適しているのは夏場です。**1年の汚れを払い、磨きあげたきれいな家で新年を迎えられる真冬の大掃除は気分的にはスッキリして気持ちのよいものですが、実際は非効率的です。しかもムダな出費にもつながります。

それでなくても年末は、クリスマスや新年を迎える準備で大忙しになる時期。そこに大掃除が加わったらてんてこ舞いになりますね。それを考えても、「しっかり掃除」は、時間のある夏が向いているのです。年末の大掃除は「ミニ掃除」で済ませましょう。

気温の低い冬の掃除は余計な支出につながる

年末の大掃除は、何よりも時間にやさしくありません。気温が低いため、油汚れやこびりつきなどの頑固な汚れが硬くなって、落とすのもひと苦労。きれいにするのに多くの時間がかかってしまいます。

さらに水だけでは汚れが落ちにくくなっていることで、お湯をたくさん使うことにもなり、水道代や光熱費もかさんでしまいます。**時間もお金も多くが必要となる点で、冬の大掃除はマイナスポイントだらけです。**また、年末の大掃除に向けていろいろな掃除グッズも売り出されます。落ちない汚れと戦うことで、使う必要のないそうした掃除セットに手が出てしまうということも。そこで「いらないもの」にお金をかけるといったムダが生じやすくなります。

夏の掃除は時間にもお金にもやさしい

その点、夏は気温や湿度が高いので、油汚れやしつこい汚れなどもゆるんでいます。お酢スプレーや重曹と水、台所用洗剤を使った泡掃除などほぼキッチンにあるもので、短時間かつお湯も使わずにきれいにできて、時間にもお金にもやさしい掃除が可能。家の中に「清潔」を取り戻すしっかり掃除は、夏に行いましょう。

しっかり掃除を夏に済ませておけば、あとは日々のキープ掃除だけできれいを保つことができます。その状態で年末を迎えれば、暮れの大掃除は必要ありません。掃除としてやることは、普段あまり手をかけていないところの大掃除。

　たとえば冷蔵庫の上を片付けて掃除する、レンジフード周辺を拭いておく、玄関のたたきを磨くなどです。

　窓掃除もぜひ夏に。水洗いするにしても、夏場はすぐに水分が乾くので水跡を取り除くのもラクです。泥やホコリで汚れていたら、いらなくなったストッキングや靴下で先に汚れをはらっておきます。夏休みに、子どもにお手伝いしてもらうなどして、しっかり掃除を行っていきましょう。

まとめ

夏の「しっかり掃除」で年末の掃除をラクにする

そのほか、夏にお勧めの大掃除

■**カーテンの洗濯**
よく乾き、結露でカビてしまうことを防げます。

■**大量のゴミを捨てる**
年末年始で回収がストップし、いつまでも捨てられないということがなくなります。

■**浴室の大掃除**
寒さにふるえずに、楽しくできます。

■**早朝から始める**
カラッと晴れた日が多いので、モチベーションが上がります。暑くなる前に集中し、ささっと終わるのもいいです。

おわりに

この本をお読みくださり、ありがとうございます。

私はこれまで、今の自分をスッキリさせる手段のひとつとして、片付けの大切さを唱えてきました。けれど、一瞬のスッキリも大切ですが、この先も幸せを感じるよう願うと、片付け方も異なってくると実感するようになりました。

本書には「貯め上手さん」と「貯めベタさん」が登場します。貯め上手さんは「金持ちポイント」を獲得し、貯めベタさんは「貧乏ポイント」を溜め込んでいきます。その違いは何だと思いますか。

どちらも特別な贅沢はしていません。が、自分流の価値観をもっているか否かでその差は歴然です。どちらも片付けはしますが、貯め上手さんは空間と時間、ムダな買い物も片付けています。

モノに特化すると、靴箱、冷蔵庫、ストック棚、押し入れ、クローゼットの中を見れば、わかります。不要なものが多いほど、出費も多くなるのです。将来を見据えると、その積み重ねの差は大きく広がるでしょう。

片付けとお金は、じつはとても深いつながりがあるのです。目標は100万円、期間は1年。チャレンジしてみてはいかがでしょう。片付けをそうやって活用してくださると嬉しいです。

子育て世代は、充実した生活を得られる「充活《しゅうかつ》」片付けを。そして50代、60代からは決して終わりに向かう「終活」ではなく、「寿活《じゅかつ》」片付けで人生を謳歌《おうか》されてください。

願いを込めて、この本を贈ります。

きさいち登志子

〈著者紹介〉
きさいち登志子（きさいち・としこ）
生活コーディネーター。料理雑誌『四季の味』元編集長。掃除や片付けをはじめ、美味しく見せる器使いのコツなど家事全般のアドバイスを行う。『幸運が舞い込む　神さまに愛される魔法の片づけ』（PHP研究所）、『神さまがやどる　お掃除の本』（永岡書店）、『神さまがやどる　暮らしのしきたり　開運BOOK』（主婦と生活社）など、著書・監修書多数。

〈監修者紹介〉
荻原博子（おぎわら・ひろこ）
1954年、長野県生まれ。経済ジャーナリスト。大学卒業後、経済事務所勤務を経て独立。経済のしくみを生活に根ざして解説する、家計経済のパイオニアとして活躍。著書に『年金だけでも暮らせます』（PHP研究所）など多数。

100万円が1年で貯まるお片付け

2019年11月6日　第1版第1刷発行

著　者　きさいち登志子
監修者　荻原博子
発行者　櫛原吉男
発行所　株式会社ＰＨＰ研究所
京都本部　〒601-8411　京都市南区西九条北ノ内町11
教育出版部　☎075-681-8732（編集）
家庭教育普及部　☎075-681-8554（販売）
東京本部　〒135-8137　江東区豊洲5-6-52
普及部　☎03-3520-9630（販売）
PHP INTERFACE　https://www.php.co.jp/
印刷所
製本所　図書印刷株式会社

　ISBN978-4-569-84525-8